对方已开启好友验证

[韩] 成裕美 著

马广红 译

裕美开启了朋友验证,你还不是他(她)朋友。请先发送朋友验证请求,对方验证通过后,才能聊天。

发送朋友验证

中国·广州

图书在版编目(CIP)数据

对方已开启好友验证 / (韩) 成裕美著；马广红译. -- 广州：广东旅游出版社, 2025.4. -- ISBN 978-7-5570-3515-0

Ⅰ.C912.3-49

中国国家版本馆CIP数据核字第202572LX25号

<이제껏 너를 친구라고 생각했는데>
Text Copyright©2019 by Sung, Yu Mi (成裕美)
All rights reserved.
The simplified Chinese translation is published by Rentian Ulus（Beijing） Cultural Media Co.,LTD_in 2019, by arrangement with INFLUENTIAL INC. through Rightol Media in Chengdu.
本书中文简体版权经由锐拓传媒取得（copyright@rightol.com）。

著作权合同登记号：图字 19-2024-065 号

出 版 人：刘志松
策划编辑：刘　可
责任编辑：龙鸿波　陈　心
责任校对：李瑞苑
责任技编：冼志良
封面设计：刘　颖
版式设计：杨西霞

对方已开启好友验证
DUIFANG YI KAIQI HAOYOU YANZHENG

广东旅游出版社出版发行

（广东省广州市荔湾区沙面北街71号首层、二层）

邮编：510130

电话：020-87347732（总编室）020-87348887（销售热线）

投稿邮箱：2026542779@qq.com

印刷：北京文昌阁彩色印刷有限责任公司

地址：北京市大兴区芦城工业园创业路3号

开本：880 毫米 ×1230 毫米　32 开

字数：153 千字

印张：7.75

版次：2025 年 4 月第 1 版

印次：2025 年 4 月第 1 次

定价：48.00 元

[版权所有 侵权必究]

本书如有错页倒装等质量问题，请直接与印刷厂联系换书。

隐忍着撑下去的关系并不是正向的关系。
希望你不再为人际关系感到困扰和痛苦,
　希望你能收获令你笑逐颜开的感情。
　谨将此书献给 _____ 惠存。

·本书中所有姓名均为化名

作者的话

坦白说，这本书是我的处女作，因为是第一次出书，所以在激动的同时也感到些许紧张和害怕。

那么，我是怎么开启这段陌生而又特别的旅程的呢？

曾有人问过我是怎么理解"关系"的。我立刻就被"关系"这个主题给吸引住了。当然，我也对通过出版物这样的媒介去表达自己看法这件事充满了好奇。从此，我开始了活了近半辈子都从未计划过的"创作"。刚好，那时我怀二胎在待产，想想可能产后就没有余力去写些长篇大论，干脆就在这段时间内把它写完。就这样，我把害怕和担心都抛在了脑后，在不到一年的时间里，完成了我的作品。

写这本书的初衷是因为很多人围绕着"关系"这个主题向我提出了各种疑问，所以这将是一本全面阐述"关系"的书。因此，仅凭借自己是无法完成的。在交了初稿后，我并没有马上出版，而是对全书的内容进行了更深层次的撰写。就像婴儿在出生前在妈妈的子宫里慢慢成长一样，这本书在问世之前也在不断地成长。就这样，一年、两年，随着时间的流逝，我的想法也在不断变化。

虽然还有不足的地方，但让我感到庆幸的是，这本书的深度也随着这漫长的时间又加深了一层。

"分享快乐，快乐就会翻倍；分担痛苦，痛苦就会减半。"

这种简单质朴的老话不仅再也不能打动人们，而且遭到大家的嘲笑，这真的是一件很令人沮丧和感到苦涩的事。因为，很多"歪理邪说"被大家当成了真话听。

一段关系越是长久，给人带来的伤痛和痛苦以及遭遇背叛的痕迹就越难以抹去。如果只是留下了疤痕也就算了，但通常这种伤痛都会改变人对生活的看法，甚至改变人对他人的态度。

但比起遭遇背叛的那一瞬间的难过，更让人痛苦的是在被背叛之后的日子。因为总是夜不能寐，即使多年过去也无法抹去那种伤痛留在内心深处的痕迹。

我希望经历过这种伤痛的人能读一读这本书。这本书虽然也对想要开始一段新关系的人有所帮助，但更多的是着眼于在长久关系中的受害人的苦楚来进行撰写的。在治愈过程中，我建议并劝导大家在开始一段崭新的关系时要小心谨慎。

什么是朋友呢？也许十个人会给出十个不同的答案。但我认为能够分享快乐和分担悲伤的人才是真正的朋友。因为，虽然我们都向往着做独立自主的自己，但与此同时我们也在寻求着在一起时能让自己感到幸福的且最有亲密感的人。

这本书今天能够出版，我首先要感谢我的家人和我真正的朋友们——录儿、贤儿、元儿，向我深深爱着的你们道一声"谢谢"。

同时，我也想对在这本书出版之前，一直以真实的分享来与我一起度过所有旅程的"两个人"表示深深的敬意。最后，感谢努力让我这第一本书发行的出版社 Pluencial。

2019 年 3 月

成裕美

前言

关于"被利用了"这句话

理解关系的第一步

19岁的智贤在某天看了朋友的Instagram①后,意识到自己并不是她最好的朋友,这让智贤很受打击;职场人雨嫣对她信任了10年的老友们找各种借口不来参加她的婚礼而感到心寒;40岁的英贤也因自己多年来充当家人的情感垃圾桶而愤怒难平,久而久之出现了心理问题,开始向我进行心理咨询。

是的,当你特意找这类书阅读时,说明你很可能已经因为某种关系而受到了伤害。虽然大家的年纪、对象、遭受伤害的缘由可能都不尽相同,但都可以归结为一个问题,就是关于"我和你""我和'那个(人或事)'"的故事。

虽然有些沉重,但我还是想在故事开始前说一些话。因为从现在开始我们要讨论的是我们对于自己的理解和对于他人的理解,也就是对于"关系"的理解。

---

① Instagram:即"照片墙",是一款运行在移动端上的社交应用,以一种快速、美妙和有趣的方式将你抓拍下的图片进行彼此分享。相当于国内的微博。

马丁·布伯所说的关系

关系哲学家马丁·布伯对"相遇"的定义:"自己选择了他人或者他人选择了自己。选择和被选择要同时发生才能称为'相遇'。"这句话中对"关系"这个词有很深刻的洞察。

大部分人只着眼于自己所选择的人,但这种想法过于片面,殊不知自己也是被选择的那一方。要理解这种"被选择"才会明白为什么对方对自己如此执着,为什么自己会被利用。

从马丁·布伯的观点来看的话,像离别、离婚、绝交这种关系的断绝就可以理解为"选择"和"被选择"之间的断联。

马丁·布伯将自己的核心理论分为"我和你的关系"与"我和那些的关系"两部分。讲到这里,大家肯定也都看出来了,前者的对象是从人格上来讲的"你",后者的对象是作为事物的"那些"。

这是什么意思呢?布伯认为,根据遇到的对象的不同,"我"也会变得不同。"我和你"的关系中,"我"很明显说的是作为人的"我",而"我和那些"中的"我"是用事物来代替了主语。虽然看起来都是"我",但区别是"一个有独立人格的我"和"想要利用的人",这是完全相反的两个概念。

"我那么相信你,你却利用了我。"——现代人的受伤就是从这句话开始的。我是作为一个人站在你面前,你却像对待一个物件一样利用了我。这样的差别对待怎么可能不让人愤怒、生气？

"我被利用了！"——这句话里透露出来的是没有被别人当成一个有人格的人对待时所感到的不快，还有在别人随随便便评判自己的时候所感受到的不安。

说不定我也利用了你

我想先提一个问题，有谁能在利用别人和被别人利用这两者之间自由切换？一般来说，当自己成为"别人"的时候会感到不愉快，但事实是谁也没有自信去让自己成为"我和别人"中的"我"。

基于这样或那样的理由，我们每个人都需要他人。不管是下意识的还是有意识的，我们都在利用着他人。事实上，大家也都是这么过来的。重要的是，自己的本质也会随之浮出水面。我们必须要承认，只有这样，才能在意识到别人也利用了自己的时候，首先做的不是向对方问罪，而是去彻底解决关系中存在的问题。

·我的本质属性：我需要他人。

不是指人和人之间人格的碰撞、相互作用、彼此分享这些高级目的的属性。现在的我纯粹是因为我需要他身上所拥有的"什么",所以才会想与他交往。

对方肯定也有着我所需要的"什么"。

现在开始,我要主动地走向对方了。

只到这里的话,人与人之间的关系是不会出现问题的。然而"利用"的问题是从人与人之间错过了下面的重要认知时才开始出现的。

· 对人格的认知:(因为我需要才想要利用的)那个人是和我拥有同样人格的人。

这种意识是不能用"有"或"没有"这种绝对的形式来凸显的。我认为这一点就是让人们的关系变得复杂起来的原因。所以,我想说的是,当你审视自己或他人的时候,最好像看光谱一样,把这种意识展开来看。因为你会根据你意识展开的程度,来改变你利用他人的强度、态度和频率。

也许我们一直在利用别人，也一直在被别人利用着

之所以把这种有点不好开口，且听起来有些刺耳的话放在前文是有理由的。把"丑话"放在前头，有以下几方面原因：

我害怕有人会对"利用""剥削"这样的词产生抵触心理，从而曲解了比它们更重要的概念，特别是贯通整本书的一个重要的概念，所以在这方面我有一定的担忧。给一个人贴上"利用"标签的那个瞬间，随之而来的就是负面的评价。但"利用"并不一定就是坏的、负面的，至少我们可以秉着"也许会是好事"的态度来翻开这本书的第一章。

如果一直抱着"我总是被骗，我是受害者"这类想法的话，我们就永远无法走到自己向往的那种公平、和谐的关系中去。如果你在人际关系中感觉到了痛苦，那么无论是什么样的方式，都会给你带来很多受伤的体验。然而尽管这样，我们还是要去探索那些可能性，也就是"自己并不总是受害者"的可能性，或许我也从对方那里获取了我想要的，并且也许一直在利用对方这一点。希望大家在思考问题时能够留出那一丝丝的余地，然后重新规划一个新的关系图。

从这个观点来看，我们在说一段关系中有关"利用"的问题的时候，从"被利用的程度"这个角度入手是比较合适的。首先判断到目前为止这种利用是否已经达到了破坏关系的程度，或者

是否达到了伤害我们自尊心的程度,之后,再采取相应措施即可。在这个过程中,我们也可以了解到那些处在终点极端的人,或者称之为过度自恋的人。

　　由于这本书里的案例基本都是真实事件,因此我也会担心是否会显得过于真实。如果各位读者正在经历十分不健康且无礼的人际关系的话,不要多想,请先打开你的自我保护机制来保护自己。但需要注意的一点是,为了保护自己,一定要明确"我的需求到底是什么"。关于这个问题,后面的章节会进行很详细的阐述,一定要带着这个问题翻开后边的章节。

目录

第一部分
从现在起不再被你利用

第一章　他们从一开始对这段关系就毫不关心　　03

只在需要我时才联络我的前辈　　"利用"与"好意"的差别　　04

如果你感到不舒服,那是因为你不够善良　　超自我的惩罚　　10

不想再当你的陪衬了　　恶性自爱的他们　　16

自爱和自私是两回事　　当欲望先于"自我"时　　19

深入思考　没有了"自我",只剩下了"欲望"　　26

我不是你那两个小时的电影　　不要混淆"傻子"的定义　　28

我对你而言,是"你",还是"你的其他需求"　　察觉到关系性质的练习　　32

第二章　在人际关系中受骗不同于被背叛　　　37

钱到心意到，心意到了钱也就花到了　　成本支出的边际值　　　38
让人头疼的红白喜事随礼　　金钱是关系的晴雨表　　　42
我们到底要迎合别人到什么时候　　错误关系反复的原因　　　49
战胜坏人的几种方法　　五人法则　　　55
也许一开始我们就不是朋友　　没有背叛，对关系的错觉　　　62
当我知道我们的爱有差距时　　关系相互性的意义　　　66
令人厌恶的勇气，接下来我们该明白的事　　重拾爱人的勇气　　　72

第三章　根据关系远近来利用　　　79

原来家人更自私　　接受和拒绝　　　80
现在关闭奉献模式　　牺牲的最后期限　　　87
深入思考　越是家人越需要主动地关心　　　92
红发安妮和黛安娜并不存在　　对母胎朋友（发小）的幻想　　　95
身边朋友的成功让我很不舒服　　在嫉妒的破坏本能中生存　　　104
因为你对我好，所以我就应该忍受同等程度的愤怒吗　　感情的债务关系　　　112
深入思考　送走错的人，留下对的人的几条准则　　　117

第二部分
在对方的愤怒中如何自我保护

第四章　不喜欢就说不喜欢，不是就说不是　　123

人与人之间也有损益表　　物质和精神资源的交换　　124
没有人生来就是为了付出，母亲也是　　对于受伤害反应迟钝的人　　130
也许你也需要一个交代　　"调节情绪"的真正意义　　135
无法感知愤怒也是一种病　　也许你也有情绪阅读障碍　　141
谁也不能怪我是个俗人　　心理分析中结婚的必要条件　　150
就算假装过得好也能松口气　　从别人的眼光中获得自由　　157
本来是想搞笑，结果真成了笑话　　看起来不好接触，也是一种策略　　162

第五章　像还会再见一样的告别　　167

如果现在时机不对，那忽略它也是一种方法　　还停留在过去的我，
　　和已经走向未来的你　　168
"我也是没办法"只是在掩盖失败而已　　YES or YES　　174
我不是你的"共鸣"加油站　　对抗"共情"剥削　　180
总算知道了，我就是你的感情垃圾桶　　攻击的另一种说法　　183
坏感情是我的，烦闷的心也是我的　　将感情客观化　　188
如果我不要求，对方就会都拿走　　维持关系也要畅所欲言　　192

分手之道比相处之道更难	和平分手的定义	199
不管任何时候你都是最重要的	纠正错综复杂的关系	204
像还会再见面一样坦然放手	不是分离，而是休息	209

深入思考 关于关系的几个问题与解答　Q&A　　213

结语　我们不仅会为彼此锦上添花，还会雪中送炭　　219

第一部分

从现在起不再被你利用

第一章 他们从一开始对这段关系就毫不关心

只在需要我时才联络我的前辈

"利用"与"好意"的差别

...

只在和男朋友分手后才联系我的前辈

宝妍最近心情有些郁闷。因为平时毫无联系的前辈,只在和男朋友分手后或是心情不悦的时候才会找她。如果是经常见面的关系,宝妍还可以向前辈直接抱怨,表达不满。但是两人一年只见个两三次,连这都不回应的话,宝妍怕这段关系会断掉,便总是默默隐忍着。直到独自苦恼的宝妍遇见了和自己有着同样遭遇的后辈。

"姐姐,你是太善良了,还是舍不得断了这段关系?我和那位前辈见过几次之后,觉得没办法再这样继续下去,就和她一刀两断了。你知道那位前辈怎么说你吗?她说你啊,是LPG。"

"LPG?是什么呀?是路上的LPG充电桩吗?"

"嗯。说你会用心倾听（Listen）她说的话，让她的想法变得积极（Positive）起来，所以每次见完姐姐你，她就会重新拥有美好的一天（Good day）。"

"这说的是什么意思啊？听起来像是称赞，又好像不是。"

"这哪是什么称赞啊，姐你是被利用了。那位前辈亲口说了，她自己生活顺利或幸福的时候，就没必要找你见面。你难道是她的什么心理治疗师吗？"

"原来我只是她保护自尊心的工具啊，我真是费力不讨好，花五六个小时听她说这些，甚至还买酒给她喝……"

到底对你是好意还是你被利用了呢？

那么在人际关系中，什么是"利用"呢？我们有时会说出类似"今天也感觉身体被掏空了"这样的话。但是天天把这种话挂在嘴边的人，当被问到为什么会这样想的时候，却又回答不出个所以然来。

脑子一热，就感觉自己被利用了，但却并没有搞清楚具体是在什么样的情况和模式下被利用的。

"虽然是有点不爽,但是这奇怪的感觉又是什么呢?"

"回过头看看,也不能说是被利用了,但也不能说不是。"

让忧郁的人重新站起来需要付出很大的心理成本。见个面就能累到身体被掏空,那一定就是做了安慰人的工作。想一想,为了让对方舒心,你有没有过累到灵魂出窍的时候?一两次也就算了,如果因为同样一件事,反反复复让自己觉得很疲惫的话,就是时候整理一下这段关系了。

和宝妍有过相同经历的人很多。只是很多人不知道究竟是被对方利用了,还是自己反应过度。因为这不是像"啊啊,是那个人偷走了我的钱包!"这样明显用肉眼就能分辨出对方是在犯罪的事情。

"我是被利用了吗?"如果心里突然冒出这样的疑问,一定不能放任不管。要知道不管事实与否,重要的是你心里感到不舒服了。即使不能在当下追究对方,至少也应清楚地认识到这个问题不应该就这么过去。

如果不及时面对,反而把不舒服的情绪积攒起来的话,总有一天,"原来你一直在利用我?"这个问题带来的愤怒是会爆发的。等到人与人之间变得疏远,感情被消磨殆尽时,就会产生"是我没能及时处理好每一件事情,才走到了这一步"的负罪感。

但这真的不是一件容易的事。虽然每个人都存在差异,然而整理心情,整理周边,大概对每个人来说都需要很长的时间,有时,它甚至会让生活暂时瘫痪,令人心痛到无以复加。

请不要感情用事，凭感情做决定

前面提到的宝妍的例子也是一样，如果你曾经被利用过或者现在正在经历这种事情的话，希望大家思考一下"启动效应（Priming effect）"和"最佳决策的时机"。

为了了解"利用"的本质，首先我们要从"利用"这个词的影响力开始思考。想想看，是不是没有比"利用"更能让我们瞬间陷入愤怒的词汇了。心理学中有个词叫"启动效应"，是指由于之前受某一刺激而使得之后对同一刺激的知觉和加工变得容易的心理现象。

"现在我被利用了吗？"如果在初期受到刺激并被困住的话，即使之后对方再怎么表现真心和亲切，也不会被轻易接受。反而会出现一种"难道我还有什么可以让他利用的地方吗"式的消极处理心理。

宝妍也一样。听了后辈的话之后，她觉得自己是被前辈当成感情垃圾桶利用了。虽然受到了伤害，她可以当场拉黑对方的Kakao talk（类似于中国的微信），但同时她也希望能暂时停下来思考一下，重新开始。也就是说，要检查一下是不是因为"启动效应"而让那些和前辈度过的美好时光褪色了。

实际上，我在面诊的时候也会用"不要让感情做出决定"这句话来抚慰患者的内心。与其在感情冲动时下决断，不如通过解决实际问题来得出"我是深思熟虑后做出的决定"的结论。这既尊重了感性的因素,又让理性替自己的行动做出了决定。同时,也保护了自己。

所以让我们回想一下"被利用的事件"和"没有被利用的剩余事件"。不是现在正在发生的事情,而是估算一下这段时间以来两人关系质量的平均水平。如果和对方度过了很多有意义的时间,那么只需要对对方说出自己内心真实的想法就好;如果没有那么多美好的记忆,到那时再做出决定或采取行动也不晚。

如果你感到不舒服，那是因为你不够善良

超自我的惩罚

那位朋友每次与我赴约都会迟到

总是在关系中吃亏的人经常提起的问题之一就是约会时间的问题。虽然这个问题看起来很琐碎，但也没有比约会时间更能明确定义两人关系的标准了。为什么这么说呢？是因为从属效应。等待的人价值相对较小，相反迟到的人是能够左右对方时间的，是在两人的关系中更有影响力的那一方。也就是说，在见面之前，两人的关系就被定为甲方和乙方的关系了。就像在相亲或某个聚会上受瞩目的人都是最后登场的一样。

智仁每次约会都会因为朋友的迟到而感到疲惫。如果智仁和朋友见10次面，那么朋友有8次都会迟到，有时迟到20分钟，有时迟到40分钟。

比起等待的时间，更让人恼火的是她对自己的迟到一点都不感到抱歉。

如果是别人的话，智仁可能会采取一些行动，或者是自己也刻意晚三四十分钟平衡一下心理。但是对于朋友，智仁的对策也只是提出可以比约定时间晚到10分钟。万一朋友很快就出门了，自己在这10分钟左右的时间里还是可以妥协的。但是，不管怎么样，每次约会都需要智仁来等待这件事本身是没有任何变化的，就在这样的情况下，两人维持了4年的友谊。

然后，就有那么一次，智仁迟到了30分钟左右。那位朋友很生气地对智仁说："你让我等了那么久，今天就由你来请客吧。"4年来一直都是自己迟到，但一杯咖啡都没给智仁买过的朋友，就好像智仁从未等过她似的，上来就斥责了智仁。

在给你造成伤害的瞬间，我自己也将受到惩罚

只是一味忍让着，一切都按照朋友心意做的智仁是善良的人吗？不是的。如果是上面这种情况，确实该对自己迟到的事情表示歉意，但是她对朋友，至少也应该表现出生气或委屈。而智仁是怎么做的呢？面对朋友的指责，她不仅全盘接受，还承诺不再迟到。局外人可能会觉得，"你是傻子吗？""我想追究，但又

能怎么办？"这是超我人格较强的表现。

智仁是这样想的："让我等着没关系，但我不喜欢让对方等。伤害别人的感觉很讨厌。所以还不如让我等着算了。"精神分析中把这种想法表达为"给他人带来伤害的瞬间，自己会受到超我的惩罚"。

不是装作善良，而是真的要善良，心里才会舒服。但这里所说的"善良"不是我们所理解的"善恶"中的"善"，而是在不被良心刺伤的范围内做出的决策，是不想给别人带来伤害的一种"属于自己的秩序"。智仁正是在和朋友的关系中为了守护这个而努力着。

但是智仁因为再也无法忍受朋友的自私，投降了。

如果你是像智仁一样的人，总是等别人，一再让步，并把这种行为当作一种美德的话，请把手放在心上，然后再问自己："这样做的时候心里真的不会有一丝的不舒服吗？"

如果真的心里感到不舒服，那就不是真的善良。不过，在这种情况下，不能保持善良。只有承认这一点，才能进入下一阶段。

经过商谈，我再次向智仁提出了重要的建议："为了建立好的关系秩序，制定和遵守自己的标准很重要；但是，当你感觉不舒服的时候，及时处理这种情绪也非常重要。"

被利用了,却浑然不知

"一直让步的人才是好人吗?"

"什么意思呢?"

"比起积攒到无法忍受时才爆发自己的情感,当你每次感到不舒服时就适当表现一下是不是更好呢?问问智仁,等朋友的时候真的没事吗?我们来一起看看智仁建立的'关系秩序'对自己的影响到底有多大吧。"

"那肯定是有积极影响的吧?因为让对方等自己的人只会想着自己,对这种所谓的'秩序'是没有任何感觉的。"

"当然了。那个有必要分开单独整理。今天我们就把焦点放在智仁身上。朋友迟到 40 分钟,而且还是每次都迟到,按理说每次等待的时候感到不痛快才是正常的,我们应该倒回去思考一下,智仁是不是在这种不痛快的感觉出现的时候,在有意识地去否认或压抑它呢?"

"刚开始我也觉得是这样,但现在不这样认为了。"

"你不觉得这样的关系维持 4 年的话也太久了吗?而且趁此机会,也请用'幸福的观点'仔细揣摩一下,看看智仁建立的关系秩序吧。"

"我明白你是什么意思了。你是说我们不要被自己的良心或标准过分束缚吧?"

"是的，没错。如果太过拘泥，生活就会像失去水分的木材一样，变得很枯燥。"

超我特征明显的人就像失去水分的木材一样。超我又叫作superego，意思是，越是被对方剥削却越无法断绝关系的特征，智仁就属于这种超我特征明显的人。

"你都不知道自己一直被这么利用了吗？拜托不要再去迁就别人了。"就算你跟超我特征明显的人这样说，他都不会动摇自己的想法，就算经常被对方利用也不会轻易感到愤怒。这里提到的"感受不到愤怒"，并不是完全感受不到的意思，而是指在别人看来，明明要发火到10成左右，他却只发出2到3成左右的火，而且会对自己生气感到自责。不是因为他对别人太过宽容，只是对别人冒犯到自己的那个瞬间感觉比较迟钝罢了；在别人在他心里占据比较大的分量之前，这种人不太会感受到危险和愤怒。

你是怎么样的呢？是不是感觉不到愤怒？表现出2到3成程度的愤怒也会有负罪感吗？我们要知道自己感受到了什么，自己是什么样的人，这个是相当重要的。因为所有的变化都会从中开始。

不想再当你的陪衬了

恶性自爱的他们

...

你算什么，要让人人都喜欢？

自私的人都有一个共同的特征。他们根本意识不到自己是自私的。即使知道，也会说"别人都是那样"，从而将自己的行为合理化。所以即使做了错误的事情，他们也不会有负罪感。

19岁的世美长得很漂亮，由于自我形象管理得很好，人气也挺高的。但是她性格上有一个很大的缺陷，凡事如果不是以自己为中心，她就会歇斯底里。她无论何时何地都要自己做主人公，无论是什么东西，她都得是最先拥有的那个人。如果他人抢先一步得到了她想要的，那就会引发一场乱局。

"我有个朋友减了10公斤。当时她说什么自己要减肥，你知道我是怎么回答的吗？和她对话的时候我连减肥的'减'字都不提，我就是故意无视她，因为没有必要让她成为我们对话的主人公啊。如果回不到以前的状态，我以后绝对不会再跟她见面了。"世美说这话的时候表现得理所当然。

自私也是分程度的，世美这种程度的话算比较严重了。从精神分析的角度来说，我们将这种情况称为"恶性自爱"。虽然看似对他人感兴趣，但并不会真正地关心他人，如果损害自己的利益或是自尊心受伤了，她就会强制终止关系。顾名思义，在这段关系中，她从头到尾都是在以自己为中心。

...

太不像话了，你说我利用了别人

"人怎么能做到一丁点儿都不为他人着想呢？"

通常听到这种话，人们表示根本无法理解。但是对于有着恶性自爱的人来说，如果问他们"为什么不会为他人着想，只会利用他人？"他们的回答会出乎你的意料。

"我吗？利用别人吗？我没有那样过啊。"

站在他们的立场上看的话，这句话是对的。因为这些人从一开始就对他人或他们的关系不感兴趣。什么意思呢？就是说恶性自爱的人只关心满足自己的需求。他们会觉得"为什么利用了对方"这个问题本身就很愚蠢。

就像世美一样，她需要的是一个将自己打造成主人公的朋友。如果有一天朋友成主人公了，她的自尊心就会受到伤害，并会去整理和朋友的关系。但她并不认为自己错了，因为朋友只是为了满足自己的需要（主人公角色）而建立的关系，如果这个关系和自己的理解相悖，就会出现所谓的"受害者"。这就是会出现"我又不是故意的""我没有那样过"这些想法的理由。

如果因为和这样的人建立关系而受到了伤害，那么，该断绝关系的"信号"就很明确了，不要留恋，转身而去吧。比起当初的"你"本身，他更关心你拥有"什么"。那个人的人生不会因为你的离开而产生任何变化。我敢保证一定会有人很快就取代你。

谁都想成为主人公，这是大家的本能，但是在这一过程中不能出现牺牲者。存在主义哲学家萨特在戏剧《禁闭》中留下了"他人即地狱"这句话。虽然人们对"他人即地狱"这句话表达的意思众说纷纭，但我想这句话应该解释为"他人也有着和我相同的欲望"。

就像我想成为主角一样，对方也不想成为我的陪衬。另外，正如我想先实现愿望一样，对方也不想比我晚一点实现愿望。我们要像尊重自己的愿望和欲望一样，尊重任何人的愿望，才能形成"健康的关系"。

自爱和自私是两回事

当欲望先于"自我"时

…

只许州官放火,不许百姓点灯?

有句话叫"只许州官放火,不许百姓点灯",意思是说由我来做的话就是对的,由你来做的话就是错的。如果把这句话反过来,会变成"只许百姓点灯,不许州官放火"。虽然事情看起来完全不一样了,但有趣的是,这两者却并没有什么不同。因为不管是哪种情况,双方都无法处理好自己的欲望。

如果自己的心态不调整好,就会成为以自我为中心的极端的人,或者成为以他人为中心的极端的人。虽然这两种人生活在完全不同的体制下,但在"极端"这一点上是一样的。以自我为中心的人首先想到的是自己的需求,这种人怎么可能会照顾到别人的感受呢?

做人需要宽以待己,严于律人。以自我为中心的人往往不知道"如何去爱自己",也无法区分"珍惜自己"和"以自我为中心"的区别。下面让我们看一下在熙的例子吧。

在熙是三兄弟家的老大。有三个孩子的家庭总是像在熙家这样,兄弟之间经常因为吃的、穿的发生争吵。在熙总是因为他是老大而被迫让步和照顾弟弟们。虽然已经过了30岁,组建了独立的家庭,生活也变得富裕,但是在熙却无法摆脱下面这样的想法。

"是啊,我活到现在一直都在迁就别人。现在开始我要为了自己而活,我是最优先的。"从某个瞬间开始,在熙就不再隐藏自己的欲望了。遇到同事出差回来带给大家的礼物——一起吃的点心,他会拿一包放在自己的抽屉里。公司聚餐时,他把放在桌子正中央的菜肴端到自己的盘子里,堆积如山后,才开始吃自己点的菜。

起初在熙的同事们还不以为然地打趣,"在熙还挺贪吃的啊!"后来大家逐渐察觉到不对劲,"为什么要把饼干都拿走呢?""大家一起点的菜还是分着吃比较好吧。"虽然同事们有着这样的想法,但总觉得因为吃这点小事就这样说别人好像显得太小气了,所以也就只能不满地忍受着在熙的行为。

不再一味让步和体贴后，如释重负

在和一些利己主义者的谈话中你会发现，他们像在熙一样，之前的人生中一直在让步的情况很多。"我活着活着就发现，太老实了也不行。从现在开始我要把属于我自己的那一份都握在手上。"突然改变的他们，与从一开始就完全只顾着自己的人不同，他们会像在熙卷走饼干一样做出一些幼稚的过激行为。

有趣的是，在熙也知道自己这样的行为让别人很无语。因此我问了问他。

"明明都知道，为什么还要继续那样做呢？"

"不那样的话谁都不会照顾到我啊。我小的时候吃饭比较慢，每当我想把摆在我面前的饭菜全部吃完时，父母就会一边说着'原来你因为自己是老大，为了省给弟弟们吃才留下的啊'，一边把食物拿走。我不想到成年了，还要那样活着。"

"那么在熙，对比过去和现在，你感觉什么时候更幸福呢？"

"嗯……从声誉、人际关系这种角度来看的话肯定是以前更好一点，因为自己一直在让步嘛。虽然刚开始比较难，但我一旦放下照顾别人和让步的心态，就感觉

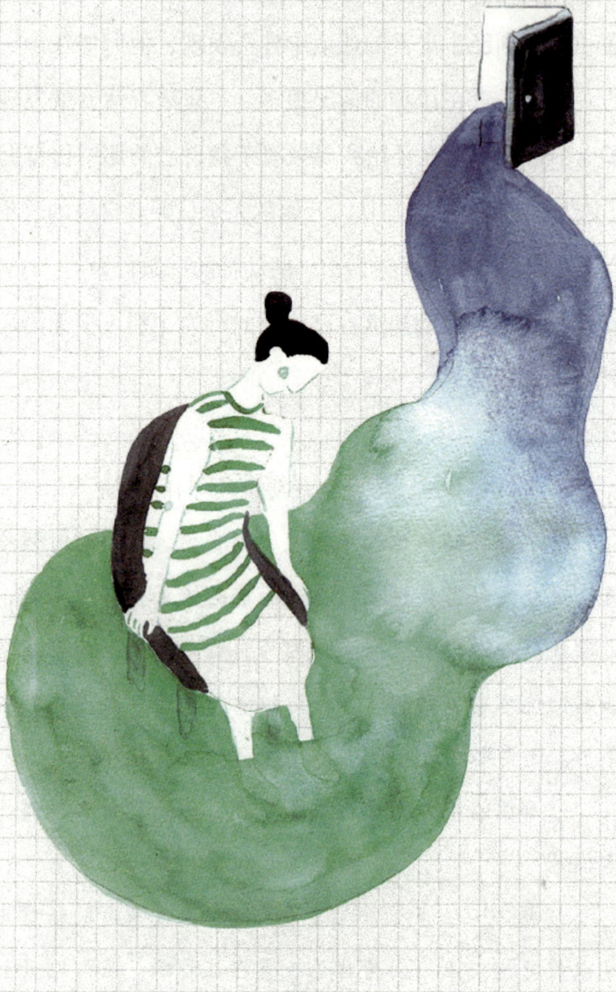

很舒服,也好像回不到从前那种一直妥协的状态了。"

"那你是认为,比起关系,本人的需求更重要,对吗?"

"是的,因为鱼和熊掌不能兼得嘛。"

在熙的意志看起来很坚定。我看到他这个样子,也思考了一下"测量关怀重量的方法"。测量关怀重量的最好方法就是像在熙一样放下。放下共鸣、关怀、让步这样的"善",会让人感到舒服,这就是关怀的重量。想想看,一个一直以来只顾他人感受的人,突然只专注于自己的需求时,是多么的轻松。这种轻松的感觉,就是善良的人因某种契机变成利己主义者后,无法再变回从前的原因。现在的在熙生活得非常轻松舒适,他不想再总是去体谅别人了。

...

就算抢走我的,你也不会幸福

从一开始就很自私的人,以及像在熙一样有意识地转变了态度的人,他们身上有一点是一致的,那就是他们拥有的幸福不够。因为他们在以自我为中心说话行事时,并没有真正地照顾到自己。只是心中存在着一种希望,希望满足自己的欲望而已。他们会想：之前那么拼命地体谅别人，那至少要满足我现在的欲望才行啊。但问题是，欲望是无限的。久而久之，结果就是，欲望总是得不到满足，这个人的口碑也变得越来越差，自律性也亮起了红灯。

所以，是时候提出一个现实性的重要问题了。像在熙这样的做法究竟是否明智？他卷走饼干的同时，可能会失去比饼干更重要的东西。因为在公司里，一个人的言行举止时刻影响着自己的声誉和品德。

于是我问他："你认为是先满足自己的欲望以得到安慰更重要，还是先让自己获得一个比较好的口碑更重要？"

这是一个关于优先级和个人影响的问题。问这个问题的理由很简单，个人的欲望和现实应该保持平衡，但这并不容易。这种时候，没有比制定优先级更有效的办法了。

也就是说，让在熙自己思考"哪种结果的影响更大"后，再决定事情的优先顺序。让符合下一个排序的行动移动到"首位"，使情况好转，这就是我的治疗目标。

"医生，您说的道理我都懂，那意思就是我还得像从前一样忍着吗？"

"如果别人把你的那份也拿走了的话，那你就要表达你的意见。因为要保护自己免受损失。我只是说，如果你可以延迟满足自己需求的时候，就应该这样做。"

"我知道。在公司里，我的名誉比我的欲望更重要。"

"没有必要非得做出贬低自己名声的行为。当然，我不是说满足欲望没有保持名声有价值。"

"嗯，我明白。"

"如果你一直这样的话，那么最终的结果会不会只会对在熙你不利呢？如果下次遇到不知道该怎么做的情况，请想一想'公'与'私'。"

"'公'和'私'吗？"

"满足个人的欲望是要在私人的空间里进行的，在职场上应以人际关系或个人口碑来处理问题为重。"

"嗯，好的，虽然没那么容易，但我会尝试的。"

我并不是单纯地要求在熙去区分"公"与"私"，只是为了让他拥有健康的自我，健康的自我是不会脱离现实的。健康的自我会了解现实并接受现实的变化，重视自己与现实之间的影响力。虽然可能会因为在意别人的眼光和评价而存在疏忽自我的时候，但是在职场中，不管别人怎么想你、怎么看你，你都不在意的话，那也是很奇怪的事情。

最令人惋惜的是，在熙错误地处理了与他人的关系。不知道自己在哪里，和谁，为什么在一起……这是非常危险的。因为现实并不是实现幻想的舞台，幻想并不会成为现实。

此外，重要的是要认识到，寻求折中的努力并不是代表屈从于现实，而是为了保护自己的自我而选择的行为。因为只有这样，才能避免把自己宝贵的工作变成消除幼稚、不成熟的欲望的场所。

深入思考

没有了"自我"，
只剩下了"欲望"

当本能被埋没于自我的欲望之中，即处于意识占据上风的状态时。为了更好地理解这种欲望并朝着积极的方向消除这种欲望，需要健康的自我认知。

但是一般经历这种事情的人都是自我认知匮乏的类型。本身就"贫瘠"的自己，自然发挥不出应起到的作用。欲壑难填，也是一桩无可奈何的事情。

如果解释为一个人想抓住气球绳，却手小而无力，就更容易理解了吧。只有有"力量"的人才能接纳自己的欲望，只有这样的人才能了解他人。因此那些总是让着别人，不懂拒绝，只会自己心急如焚的人，也同样有着"不健康的自我"。

但要注意的是，在关系中，比起自己的欲望，更着重秩序或和谐的人，即超我特征明显的人，并不是没有自己的欲望，只是在超我纵横无阻的时候，欲望被困在本我的角落里，无法发挥其力量。

人类本能的利己之心，即使在面对"全副武装"的朋友时，也会全面地呈现出来。这就是为什么即使被剥削的"对象"更换了，剥削也不会停止的原因。

　　为了协调一直想利用别人的本我和被利用却无法离开的超我时，自我就站出来了。当本我和超我发生矛盾时，自我会站在中间进行调控。"调控"这个词很容易让人联想成"控制"，还是用"调和"这个词比较适当。当关系中出现了严重的问题，自我意识就会消失，变得急躁起来。这时，根据自我的强大和智慧的不同，调和的结果也会有所不同。

　　因为前面出现了本我、超我、自我这些词，可能大家会觉得有些难理解，也会混淆，我们来简单地整理一下。首先，我们要知道，本我（Id）、超我（SuperEgo）、自我（Ego），这三个"我"组成了"我"的存在。

　　我们看过心理手册后去回顾自己，也是为了解决眼前的问题，但最终还是为了以自我为中心实现"成为一体"的"统一的我"。

　　另外，还有关于超我的热点问题，"我为什么只会像傻子一样被欺负呢？"和"为什么人们不像我这般自私地生活？"这些都是自我无法抓住中心的信号。所以希望读者通过这本书了解到自己正在接收着怎样的信号，并拿出勇气和智慧朝着自己的反方向前进一步。

我不是你那两个小时的电影

不要混淆"傻子"的定义

…

除了你本人,大家都知道

"傻子"这个词是当你嘲笑别人时、自责时、买东西没砍价时会常常用到的词,但它的含义绝不能轻描淡写。因为,当你用这个词时,意味着你周围的关系存在着问题。

就像宝妍因只在和男朋友分手后才会联系自己的前辈而感到痛苦的例子一样,时有发生让你对和他人的关系产生怀疑的情况。如果你分不清对方的意图是善意的还是私心的话,请继续阅读下面的内容。

当对方对待他人和对待自己的态度有明显差别时

这里说的明显的差别是什么呢?不是指因为关系不错,就受到差别对待的程度,而是指受到了低于常态的对待。比如,他给了别人一整天的时间,但给你的只是暂时空闲的时间,或者在他被放鸽子取消约会的时候才会想起你,那很有可能你就是被利用了。

如果对方舍不得为你腾出时间,就不要执意纠缠在这份感情中。而是要坚决地站出来,说:"我不是你那两个小时的电影。"

尤其是当见了某个人回来后却自己问自己:"我是傻子吗?"时,如果这样的想法反复出现,这种情况下,90%的概率你会得出"是的"的答案。一开始你可能会觉得这没有关系,但是,如果这种想法持续几次,甚至几年,两人之间关系的相互性就会被打破。当"傻子"这个词浮出水面,就是关系从"相互"转变为"单向"的信号。这样一来,一方就会看到"无限的实惠",另一方则会因为他而陷入困境。

> 当听到周边的人也开始指责你"你都被洗劫一空了还不清醒吗?"时

你身边的人是否也开始告诉你"你被那人利用了"呢?这时,大部分人都可以明确地知道自己的某些东西被"盗走"了,这些被盗走的东西或许是时间、金钱、人脉、信息……也可能是柔软的内心、共情或倾听等。

一次或两次是可以的,大家或许都不会在意,但如果每次见面都重复同样的情况,你就必须强硬应对,除此之外别无他法。

因为有过一次被迁就的感觉的人，是不会自觉地停止索取的。

但是如果对方是职场上司或同事的话，就要另说了。这时与其硬扛，不如你也从上司或同事那里去寻求一些你应得的回报以保持平衡。即使不能马上得到也没关系，不久的将来或遥远的将来，肯定会有所收获。如果你专注于此，就可以不被无谓的受害意识或感情的杂质所束缚，从而得以进行优质的自我管理。

他们是不会把人当成人看的

在这本书的开头，我谈到了马丁·布伯的"我和你的关系""我和那些的关系"的说法。他所分享的两种关系中，"你"意味着真正意义上的朋友、知己、同事；相反，"那些"是自己的所需和所求。虽然我期待的是一段能和对方互换真心的真正的关系，但对方只是索取式的状态的话，最后只能分道扬镳。

说得更直截了当些，只想获取自己所求的人是和任何人都亲近不起来的。倒不如直接提出要求，告诉对方，"把你手里那个我需要的东西给我吧"，这样至少对方不会太受伤。

但令人遗憾的是，这些人不仅把别人拥有的看作自己的"需要"，甚至把他人本身也当作是自己要得到的"什么"。尽管将他们关系包装得很好，当对方满足了自己的需求后，这些人就会像季节更替一样消失；而被留在原地的人则会被虚无感包围，因对亲密关系的渴望而变得伤痕累累。

如果前面提到的事例中有2个以上像是在你身上发生的故事。那么，你就已经成了"某个人的傻子"，正在忠实地履行着自己的"职责"。

这不仅仅是有人在轻视你这么简单，而是他们把你视为好欺负的对象在左右你，甚至到了随心所欲利用你的地步。

"别人没关系，但是因为你好欺负，你就应该按我的意愿去做！"或许在别人的心里，对你的看法就是如此。

如果你不按照他的意愿而行动或提出其他主张，他就会使用非常愤怒的"情绪暴力"。

这种想要随心所欲地对待他人、欺负他人的霸凌者，一定是存在问题的，但若是事态变得愈发严重，在霸凌者成为怪物之前，一直旁观的被利用者，也是共犯。

在这里让我们再次思考一下，"人与人之间的关系"是什么？我们不是生来就为了奉献他人的神，我们只是一个普普通通的人。另外，我们也要明白，面对人际关系，需要摆脱单纯美丽的幻想。

你要承认，接受和给予是相对的，只有这样，关系才是健康与舒服的。如果你期待着开始建立一段新的关系，无论以何种方式，都首先应该认识这个道理。

我对你而言，是"你"，还是"你的其他需求"

察觉到关系性质的练习

...

在他得到想要的之后便断联了

认识"我和你的关系"与"我和那些的关系"是理解剥削和被剥削关系时不可或缺的核心。换句话说，"我和你的关系"是实现交流并以相互性为前提的关系，而"我和那些的关系"意味着只要满足自己的欲望就可以实现的单方面关系。接下来，我们看一下秀雅的经历吧。

秀雅是读书俱乐部的创始人之一。这是一个每月读一本书的聚会活动。在成立的5年时间里，因为口碑很好，俱乐部的会员数在不断增加。但问题也随之浮出水面，因为经常会有成员私下拉熟人进来，读书聚会变质成了社交聚会。经过深思熟虑，秀雅和其他合伙人走了正规程序，修改了新成员入会的规定。

但是这时,和秀雅只有一面之缘的前辈联系到了她,说自己也想参加读书会。虽然秀雅一边提及入会规定一边婉拒了前辈,但两个月来前辈一直真诚地提及此事,于是秀雅私下和前辈见了一面。两人聊得很好,前辈还带秀雅去了她想去的地方放松心情,渐渐地两个人的交情变得甚好。特别是前辈想要加入读书会的真心打动了秀雅,于是她与合伙人们商量后,接受了前辈的入会申请。

但是,入会后,之前一天联系好几次的前辈便开始失去了踪迹。即使给她发信息也是过很久才回复,秀雅想约见她,前辈也会以忙为借口推辞。正当秀雅觉得有些奇怪的时候,她从读书会的一位成员那里听到了关于这位前辈的事。原来,前辈加入读书会后,为了进入另一个听说还不错的"Inner 社团"而孤军奋战,最终如愿以偿。秀雅是第一次听说这种事。虽然秀雅是创始人,但不知道会员们会私下见面或单独开设社团。

一打听才知道,前辈加入读书俱乐部后,通过俱乐部会员知道了 Inner 社团的存在,于是她一入会就和其他会员一起成立了"社团",并且和秀雅断绝了联系。她是一个彻头彻尾根据自己的需要而利用别人的人。

练习如何了解关系的性质

"因为遇到心意相通的姐姐,所以很开心来着。但好像只有我会这样,一旦对方有了更好的对象,我就会被马上抛弃。"

秀雅对前辈事前事后态度的差别感到茫然失措。这两个人的关系是很明确的。对于秀雅来说,和前辈的关系是"我和你的关系",但是对前辈来说是"我和那些的关系"。我建议秀雅不要对前辈的行为赋予太大的意义。

当提起这两种关系时,大家一般都会拒绝承认自己和别人是"我和那些的关系"。区分这两者并不容易,因此,区分这两种关系的眼力很重要。

如果一开始就能看到利害关系的话,那么我们的感情就不会被消耗,也就不会记仇。但是在现实生活中,像秀雅一样,对方使用障眼法,或者刚开始还维持着"我和你的关系",后来却变成"我和那些的关系"的情况很多。所以说需要有区分这两种关系的眼力。如果知道自己被骗到什么地步,可能就没那么委屈了。自己单方面地相信彼此是真情实意,并倾尽热情和诚意去经营一段关系,但到头来发现"原来你对我不是真的啊",就会无法避免地开始怨恨对方,并自责于自己为何没有早早察觉这件事。

建议大家仔细考虑一下,看看人际关系中对方和你的关系,以及对方和他的需求的关系比例是多少。另外,如果有人让自己陷入了苦恼，不要只是一味去伤心难过，冷静思考一下，那个人到底是想和你建立什么样的关系，即你们之间关系的性质是什么。

这也是可以通过练习得到的。如果经常思考人与人之间关系的性质，并不断练习的话，就会拥有很强的洞察力，这将成为保护自己的有效手段。如果你期待着在关系中和对方有交流和互动，对方却只想获取自己所需的话，我们就需要拿出时间来检测一下，问一问自己："对方需要我，我也同样需要对方吗？"

对于现代人来说，"我和你的关系"的重要程度，不亚于"我和（我需要的）那些东西的关系"。和所有人保持真诚或者纯粹的关系也存在着一定的局限性，正如前辈带着"我需要的那些"的心态去对待秀雅一样，秀雅也要看到自己能否也带着其他目的对待前辈。如果可以的话，就应该留下这种"互惠互利的关系"。如果不行，就随她去吧。道不同不相为谋，圈子不同也不必强行融入。在漫长的人生中，就算遇不到好的人，也不要因为没能及时送别不好的人而给自己带来更大的损失。

第二章　在人际关系中受骗不同于被背叛

钱到心意到，心意到了钱也就花到了

成本支出的边际值

我们之间的友情价值多少？

有个周末我在咖啡馆等一个朋友，看到两个20岁左右的女孩子买了一对友情戒指，一边打开包装盒摆在桌子上，一边交谈。因为她们说话的声音实在是太大了，两个人之间的对话我听得一清二楚。

"哎呀，我很早就想要这个戒指了，现在能跟你一起戴上友情戒指实在是太开心了。"

"漂亮是漂亮，但下次别再要这些了啊！"

"臭丫头，明明你自己也很喜欢。我就快过生日了，还想要和这个戒指同款的耳饰当礼物。"

"晕，那个也太贵了……"

"你不是给你初中同学买了比这个还大的戒指吗，

难道我不如她？"

"当然不是了……"

"那你为什么不舍得为我花钱？真是让人伤心。"

听着她们谈话的我，有些分不清这是时代的差异，还是现在的朋友之间已经如此的率真直白。但毋庸置疑的是，在一段关系里，钱的占比好像越来越大了。

坦白说，虽然关系的亲密与否不是靠为对方花多少钱来衡量的，但金钱对关系产生的影响却非常露骨。

当两个人关系有些僵的时候，为了使对方开心，可能会为其花钱。然而，一直这样不断花钱去迎合对方的理由究竟是什么呢？

这是维持关系所需的花费，也是让自己心安的花费。所以随着时间的推移，花了许多钱，也不觉得可惜。"钱重要，还是心意重要呢？"承认吧，钱花到了，心意也就表达到了。当然，心意到了，往往钱也就花到位了。这并不是像一般人说的金钱比心意更重要，而是因为钱既是表达心意的通道，也是重要的工具。

为别人花钱的时候,也需要自我保护,帮别人也得懂得保护自己

经济能力越有限就越容易对关系产生影响。因此,为这段关系买单时,看的不应该是"绝对数值",而是应该看我投入的金钱在这段关系中所占的"价值比"。就像货币的价值也会随着时代的变化而变化,现在的这一瞬间,我们的关系对我来说值多少钱,这一点更为重要。以一个价值5万韩元的友情戒指为例,对于腰缠万贯的朋友来说5万也许算不上什么,但对于囊中羞涩的"我"来说却可能价格过于高昂。

每个人都有着自己的价值衡量标准。要用自己的收入去权衡"适度消费",以此为基准来衡量正确的消费价值观。只有这样,才不会造成因消费带来的不良后果。不能让具有特别意义的"戒指",从此埋下祸根。

再者,如果是不善拒绝的人,或是容易受他人影响而轻易做决定,之后却总是后悔的人,建议从一开始就把费用上限定为"绝对值"。事先告知对方自己的底线,明确提出类似于"5万韩元以上不行"的要求。这样一来,在大部分的情况下,双方就可以达成协议。

如果有人穷追不舍地质问你:"真是小气,连这点钱都舍不得给我花吗?"这时候不要再不知所措,不去言语,而是要内心

坦荡地进行反击,"这点钱对我而言就是那么重要。"

如果你这样说了之后,对方仍然很生气,或者对你连最基本的尊重都没有,那么就不要再和这个人产生任何金钱方面的往来了。例如,如果至今还在为某人攒钱买礼物或随份子,之后就不要再为对方准备了。因为就算真的这样做了,两人之间也不会因此而少闹别扭。相反,你会因为被对方牵着鼻子走而大伤脑筋,这反而会成为打破两人关系的重锤。即使是为了保护这段关系,也要和与自己方向不同的对象保持金钱上的距离,是很重要的。

让人头疼的红白喜事随礼

金钱是关系的晴雨表

亲兄弟也要明算账

我发现很多的心理咨询者,常常因为在工作和日常生活中遇到的金钱问题而感到头疼。因此,我想借机讲一下我关于金钱哲学的两点看法。

仓廪实而知礼节。首先,我想说,如果连员工的温饱问题都解决不了,却一直要求员工对公司无条件忠诚,这样的公司不待也罢。在任何情况下,保障基本的物质生活都是最重要的先决条件。

有时,别人也会借着"道义"和"义务"的名义压迫你。这些或许让你觉得内疚,使你被负罪感所困扰,但那些只是虚有其表的道德,实质是对方弱化你心灵、巧妙剥削你的工具。真正的道德是真心诚意为你的生活起居担忧并愿意竭力去照顾你的。

其次,按照关系的亲密程度来制订用钱的"具体方案"也是个不错的办法。涉及金钱的问题时，不光是朋友、恋人，就连亲人之间，都是一件难以开口去谈论的事情。如果以后再遇到金钱往来的问题，建议按照关系远近来将钱量化，即明确规定金钱的数额。

双方事先商量好（随礼）金额，可以减少麻烦和心理负担。比如拿最具代表性的红白喜事随礼金为例。

民浩最近遇到了一件特别令人无语的事情：同一公司的同事，即便是交情没有那么深，遇到红白喜事的时候都会随一点儿礼来表达一下心意。一般来讲都是给5万韩元（人民币300元左右），长此以往，已经形成了不成文的规定。

"若是与他平时交情深的话，我会随10万韩元（人民币600元左右），毕竟同事一场。但实际只是偶尔碰见的时候打个招呼的关系，不随份子又不好看，于是就跟其他同事一样随了5万韩元。"

"那他是不高兴了？"

"同事收到我随的5万韩元礼金时感觉自己被看轻了，还特地提起了这件事。婚礼上，他自始至终连杯酒都没过来和我喝。"

"他是不是对你的感情不一般啊？"

"什么呀，不是这样的。虽然这也不是什么大不了的事，但我就是觉得心里很郁闷。"

关于红白喜事的礼金分歧

韩国有句俗语说"一遇到随份子的事，感情就离破裂不远了"。由此可见，韩国国民对红白喜事随礼钱的问题是非常敏感的。因此，为了避免再发生像民浩这样因随礼金额而难堪的情况，我们应该站在收礼钱与随礼钱的双方立场上，提前定好一个基准。我们来看看以下事例。

跳槽到新公司刚满一个月，隔壁组的同事发了结婚喜帖给我。

"现在我们还不是同组工作的同事，只知道对方名字，认得对方长相，彼此也没那么熟，要出份子钱吗？"

"但谁能知道以后呢？万一以后一起工作呢？还是直接给比较好吧？"同一组的同事也在议论纷纷。

一起活动了10年的爱好者俱乐部里，大家商量着筹集礼金给某个会员。本想给10万韩元左右，结果有人提议说他们的关系不一般，自己应该给20万韩元。

去年参加熟人孩子的周岁宴，我选了一枚一钱（5克）重的周岁戒指作为礼物。但是那位熟人今年来参加我家孩子周岁宴的时候，直接给了5万韩元现金。连想都没想送什么礼物,就只是出于本能地算了一下我送的礼物值多少钱,就给了他认为等价的5万韩元。一瞬间我失望难忍,面露难色。

随礼是每个人都会经历的事情。重要的不是钱多钱少的问题,而是要对自己随份子出的金额设置一个标准,否则会带来不必要的误解甚至遭到对方的埋怨。因此,自己要对随礼的金额制定出一个上限来。

人与人之间的关系一旦涉及金钱层面的问题时,不知为何就总想避开,但如果正视现实,就会发现:我有自己的衡量标准,对方也有。如果别人也认识到自己有着同样的底线,就会表现出明确的态度。要是他直接给我送来5万韩元,说明他认为我的"价值"就在于此。

你不需要去考虑"或许他是有原因的吧",也不用自己在内心为对方辩解,甚至就这样原谅了对方。

只有在对方讲明原因并希望得到你谅解的时候,才应该去考虑这个问题。没有必要事先去体谅别人,还为此感到内疚。

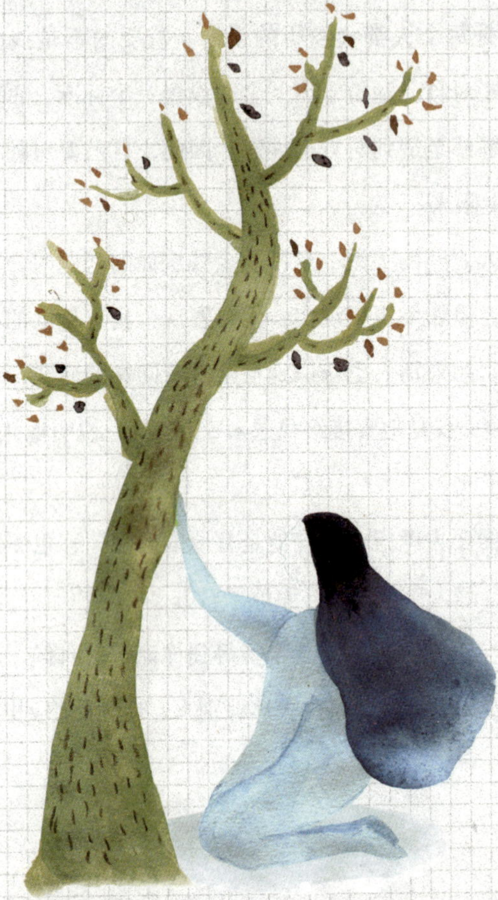

像送礼一样，表达心意也同等重要

红白喜事、生日礼物的费用自不必说，每次见面要花的钱也都包含在维系关系的费用里。大家都认为，越想保持良好的关系，投入的财力就越大；关系越是难维持，就越想花更多的钱。为什么会这样呢？

因为觉得对方值得自己付出，所以舍得花更多的钱。我们用金钱来维持感情的时候，应该考虑到自己手头的情况，或者在内心问一下自己："他/她值得我花这些钱吗？"大多时候我们都有着清晰的消费认知，但有些时候被烘托起来的气氛所感染，我们会不由自主地掏钱，这样的冲动消费足够我们后悔很久。

在这里，我们可以类推一下。如果我们觉得花在别人身上的成本是浪费，那么别人也会同样这么认为。如何才能让别人为我们花钱而不让对方感到浪费呢？我们要懂得提高自身的价值。个人的成长才是能够促进"良好关系"的磁铁。

人们都是这样，不会吝啬于给自己认为值得的人花钱，但是对于那些关系不远不近、感情不深不浅，或者内心认为并不值得的人花钱时，就会变得斤斤计较一些。由此可见，我们不妨激励自己，让自己成为一个让他人不吝惜为自己付出的人。

维持关系所付出的代价并不总是代表着浪费，只要清楚地知道这一付出的价值，以及花费的期望值就可以了。最怕的就是资金"不知不觉"就流出了,甚至在自己完全没有意识到的情况下就"被偷了"。我们一定要减少这种盲目向外流失的金钱和时间。

因此,我们首先需要明确自己的需求,依据需求适当地花费时间和金钱,这才是真正的自我保护。该付出的时候付出,就算在经济很宽裕的时候也得知道自己是为什么在花钱,能花多少,能剩多少,都要了解清楚,这样即使投入过多的费用,也不会感到冤枉。

当我们清楚知道投资的价值、风险性、机会成本、预想的成本收益或损失时,即使获益较少甚至受损时,心灵遭受的打击和冲击也会减少。保护自己,比想象中更需要巨大的勇气和细致的战略。但是只要做到一次,再遇到同样的问题时,困难便会迎刃而解。

我们到底要迎合别人到什么时候

错误关系反复的原因

…

不能被朋友一味索取

我们什么时候会认为自己吃亏了呢？就是当这个想法冒出来的时候。具体来说，在人际关系里吃亏是指什么呢？是指当两人的关系从相互性转变为单向性的时候，感受到被伤害的一方的状态。互惠互利是人际关系的核心，更是巩固关系的大坝。

起初，这种相互性还能保持下去。但是久而久之，获利更多的一方开始沉迷于享受，并总是按照自己的意愿去行事。因为他慢慢地领悟到，当他每次越界进行试探，朋友便会后退一步，于是他便可以心安理得地获得好处。

但是当吃亏的一方认识到这一点的瞬间，就会明白两人之间已经不再是彼此相互给予的关系了，自己变成了那个一直被要求、被索取的对象，而对方也没有任何负罪感，一次次要求着他自己想要的。我们要明白的是，只知一味索取的朋友是无法相处的，谁都受不了一直被索取。

当你一直给予对方倾听、认同、关怀、照顾等你能付出的一切，而对方却没有任何表示时，你就该意识到这段关系是单向的。心里一边想着，"哪怕只是说一句谢谢该有多好啊"，一边又觉得，"我也不是为了一定要得到些什么才这样付出的"。但因为心理的不平衡，也认为不能再这样不计回报地一直单方面付出下去了，因此，慢慢地，为了得到对方的认同和关怀，就可能会开始进行有意识的、带目的性的付出。

"你怎么吃了这么多的亏自己都不知道啊？快清醒一点吧。"

不管周边的人如何劝说你，你都听不进去，这又是为什么呢？

当你开始了有目的性的付出时，就会产生这样的想法："只要我做得更好的话，总有一天也会得到点回报吧……"然而如果总是带着这样的想法继续付出下去，那么事情的性质就从单方面付出转换成了投资。投资本身就是以回报为目的，因此也就只有当得到回报后才能安心放下这段关系。即便是两个人之间的关系在面临崩溃的情况下，付出的一方也会因为心有不甘而无法斩断，仍然坚持着想要维系下去。只有等到不满情绪越积越多，才会彻底崩溃，从而自己宣布关系结束。

然而重要的是，我们不能就这样草草地结束一段关系，应该去认真思考一下，以后遇到同样的情况时，该如何立身处世。如果没有一定的思考，再与其他人交往时，难免会重蹈覆辙。

换个人交往，也无法解决问题

就像人的性格不能轻易被改变一样，建立关系的模式也是如此。近5年来，从5个朋友那里遭受了巨大的背叛的敏静，现在没有办法再和任何人交往了。因为不信任对方，所以不管见了谁都只是进行形式上的对话。

"敏静，你只是交往的对象换了而已，为什么总是为同样的问题而苦恼呢？"

"老师，我自己也不是很明白。"

"敏静，你处理关系的模式好像定型了，趁这个机会想想吧。无论对方怎么反省，不，就算对方让步100次，真的改过自新，如果你自己没有改变的话，你这种人际交往的状态还会和以前一样的。"

"我只是……想对自己选择的关系负责。"

"你认为的责任是什么呢？如果不管对方怎么对待你，你都去忍耐和理解，那就重新开始吧。虽然只有你自己才能做出决定，但是我要明确告诉你的是，关系是相互的，而不是单方面的牺牲和忍耐。"

像敏静这样反复在关系中吃亏的人不在少数，希望这些人借此机会好好想想，到底要为迎合对方而压抑自己的感情到什么时候？

诸如敏静般的这些人通常可以分为两种类型。

第一类：除了"忍耐"对方之外，没有其他建立和维持关系的手段。如果只凭借着忍耐，确实可以维系好关系，可以不用再去考虑其他途径。但是忍耐总是有限度的。所以就要寻找其他能力。类似于懂得幽默，能让人产生认同感，会细心发掘对方关心的事情等，这样随着年龄的增长，社会性所需的能力也会逐渐提高。如果仔细寻找，自己的身上也会存在这种"能力"。只有将这种能力培养成优势，并主动构建关系，才能避免重复"忍耐"这一原始形态的人际交往方式。

第二类：由于不喜欢争执而形成了"忍耐和爆发的模式"。因为讨厌争吵，就要无条件地忍耐吗？正确的做法应该是去思考"健康的争吵方法"。争吵和辩驳可以让人脱掉面具，帮助人们暴露出自己内心的欲望。为什么要剥夺自己向对方表明自己欲望的机会呢？因为无法控制愤怒的情绪而产生的争吵是不利于人际关系的。但是为了关系能进一步发展，也需要一些让内心欲望喷发出来的争吵。在此过程中，自尊心很可能会受到伤害，但是学会健康的争吵与辩驳，得到的好处肯定会比失去的多。特别是在争吵与和解的过程中，能够慢慢理解彼此的欲望，与对方建立起一种良好的交流模式，这会是你最大的收获。

那些安于"吃亏是福"的人

事实上,剥削和被剥削双方关系固定化的最大原因是——存在着"喜欢吃亏"这一类人。这也许听起来有点奇怪,怎么这世界上还存在着想要遭受损失的人?然而,确实有很多。

观察我们周边的人,吃亏的人总是在不断地吃亏。为什么他们不能及时止损呢?因为他们只有在自己吃了许多亏,遭受无数次伤害后才能攒够失望离开,让自己心里舒服一点。这就是核心。对于那些吃亏才能安心的人来说,"吃亏"是为了在人际关系中获得自我决定权及主体性而付出的代价。所谓心里舒服,是通过损失来获得正当资格而产生的"心理平衡"。他们认为只有自己吃一点亏,才算和对方平起平坐。但是,他们也是人,因此不能完全摆脱自私的属性和不愿吃亏的心态。

所谓 SuperEgo,即超我,是在为打造"对吃亏不敏感的自己"而竭尽全力。心里不时涌现出的歉意和愧疚会阻止自己赤裸地暴露出"不想吃亏的心",从而不会自行切断关系、断绝往来。讽刺的是,只有到了不能再让步的程度,吃亏的人才会下定决心要结束一段关系。然而,如果受伤害的程度已经涉及了自己的健康与安全,就会让自己暴露于危险之中,某些情况下,还会遭受到致命伤害。

如果我遇到了像这样一直在忍耐着吃亏的咨询者,我就会问他们一些"直击内心的问题"。希望各位也用以下的问题问一问自己。

· 直击内心的几个问题

1. "连指甲盖大一点的亏都不想吃",对于这句话你怎么理解?听起来是表扬的话,还是批评的话?

2. 面对一个一点损失都不想有的人,看到他那露骨的利己之心,你会怎么想?觉得他像个幼稚的孩子吗?还是觉得他看起来甚至和动物没什么两样?

3. 看到那些打着"我不想吃亏"旗号的人,你会怎么应对呢?有想教导他或者与其理论一番的想法吗?会想骂人吗?还是直接无视呢?

4. "所有人类都具有自私的属性,不能摆脱不愿吃亏的心态。"所以,那些在感情中不想吃亏的人,会认为自己很自由吗?

战胜坏人的几种方法

五人法则

我被那个使我痛苦的人吸引

我想为那些被他人剥削而受伤的人继续深入地分析一下。梳理一下关系，我们会发现，与以自我为中心的人交往，往往会使人备受折磨，因此我们应该避免再去与这类人接触。这是每个人都认为很正常的事情，但问题却不是这么简单。事实上，被某人利用过之后却再次被利用的情况也不少见。如果总是只对会让自己受伤和痛苦的人产生好感，希望你能够借此机会，认真考虑一下原因。

这种现象产生的原因，或许和曾经失败的人际关系有关。在过去与人交往的过程中，你会对这段关系有所期待，但可能这样的期待最终没有实现，你便会产生不甘，或者在下一段感情中对关系产生更大的期待，希望弥补之前的遗憾，从而复制了过去的模式。因此，有必要查明目前的关系是按照惯性复制或重复了过去"未能实现的期待"，还是你刻意选择了那些让你伤心、失望的对象。反复失败，从源头上封锁了能够得到"想要拥有的关系"的所有道路。

不过，判断的方法并不简单。但是尽管如此，也要努力去分析自己的关系属于什么类型。只有这样，才能获得建立良好关系的正确意识。如此，才能够意识到：自己的关系在朝着不好的方向反复发展，意识到给了对方 10 分对方却想要 100 分的贪心，意识到不能再把自己的真心交付给剥削自己的人。

关系转向 I
了解我的关系类型

停止建立不健康、伤害自己的关系。有两种可以逆转的方法。

第一种方法是认知关系的性质。如果人与人之间建立的关系一直在原地踏步的话，首先应该去关注这种关系本身。因为人际关系也像人一样，是有性格、有取向、有习惯的。如：

- 关系性质 1

类型："我只想跟和我般配的人交往。"

风险：对少数几个人的执着和依赖可能会加重。

・关系性质2
类型："喜欢和各种各样的人相处。"
风险：缺乏亲密感，很难发展成真挚的关系。

・关系性质3
类型："比我强的人很有魅力，我只想和这样的人交往。"
风险：没有机会去表达自己的意见，最终不了了之。

・关系性质4
类型："我喜欢那些善于倾听他人、喜欢以他人为主做决定的人。"
风险：自私心理深化的可能性很大，结果会因利己主义而被对方抛弃。

你能够根据上述描述判断出自己的关系类型吗？只要知道类型，就能找到自己偏好的关系可能带来的风险，并发现一些之前没有注意到的细节。

看上去我们好像每次都在与新的对象建立关系，但事实并非如此。事实上，你每次与他人建立起的关系模式，都是类似的，这是关系的奥秘之一。即使下定决心改变，认为"我必须与这次认识的人建立一种新型的关系",结果很可能也是一样。不是说习惯可怕吗?坏习惯很容易被养成,但是好习惯却很难养成。因为想养成良好的关系习惯,需要投入大量的精力和时间。

在人际关系交往时,稍有不慎,就会出现失误,导致"功亏一篑"。此时,不如直接果断地认为"这是一段错误的关系,所以它失败了"。因为只有这样,才能不再为失败的关系而苦恼,从而继续对未来抱有希望,在之后建立起优质而健康的人际关系。

关系转向 Ⅱ
建立健康关系的五人法则

转向建立健康关系的第二种方法就是与善良的人,即那些懂得照顾他人,愿意为别人付出的人交往。当你周围这样的人越来越多时,你内心那些因和自私的人相处时产生的痛苦便会慢慢减弱。这就是"五人法则",如果周围有5个这样的人,你的人际关系的状态肯定会开始变化。

改变长期以来形成的关系性质并不容易,因为习惯并非朝夕可改的事情。但如果能够一点点地改变,也不是很难的事。一个习惯去照顾别人的人,可能不会立马就对体贴细心的人产生好感。

就像每天吃惯了含添加剂的食物，突然吃有机蔬菜，会感觉嘴里没有味一样。但是正如适应健康饮食一样，对身体好的物质身体是能感觉到的，良好的人际关系给你带来的不同感受也是如此，你将会慢慢感受到健康的人际关系带给你的温暖和舒适。

"去找 5 个这样的人交往看看吧。"我曾也向自己身边的朋友这样建议过。

和不错的人交往久了之后，觉得合拍的同时会意识到之前那个被剥削的自己是多么的委屈，就如同你是一朵花，体会到了温室中生长的快乐与温暖后，再将你放到寒冬之中，你才会明白寒风有多么的凛冽。

五人法则不只是在这个时候有用。想想你自己，如果发现即便参加各种聚会，和再多的人在一起，也无法和任何人建立亲密关系的话，那么五人法则也很有用。去努力尝试与 5 个人建立深厚的关系吧。只要能交到其中一个朋友，那这个尝试就是成功的。

即使再痛也能熬过来

那些欺骗我们、利用我们的人，总是无处不在，难以避开。遇不见的话自然是好，但无可奈何的是总会碰到。要让这个人闯入我的生活吗？我能和他相处得好吗？这完全是自己的选择。当然，做这样的决定并不容易，因为一开始很难分辨对方是什么样的人，只有在经历之后才能知道什么是正确的。

但是不要因为害怕被骗就回避与他人的交往。要多经历，培养自己识人的眼光，掌握人际关系的技巧，才能慢慢成熟。就算是判断失误，一段关系在痛苦中结束了，这也可以看作是我们在汲取生活中所需的养分。没有人能总是成功。背叛虽然令人痛苦、厌恶，但却并不能将我们杀死。那只是一次失败而已。

也许一开始我们就不是朋友

没有背叛，对关系的错觉

...

朋友新建了一个群聊

世琳被最信任的朋友疏远了，她的性格是那种只要打开心扉，就会毫不犹豫对对方掏心掏肺的类型。这分明是大家都喜欢的性格，但奇怪的是，世琳总是遇人不淑，总是得不到好的结果。

"我是真的很信任她，因此把心里话都告诉了她。没想到她在我面前假装善良，却在背后建群说我的坏话。如果不是那个群里的其他朋友给我看了他们的聊天记录，我到现在还被蒙在鼓里。"

"你那位朋友为什么要这样呢？"

"是啊，我们没有吵架，关系也没有变差啊。"

"嗯，他们在群里主要聊了些什么呢？"

"说我不懂事，不知轻重，很容易对付。还说我身边有很多不错的人,也不知道给她介绍介绍。"

"是因为那位朋友觉得世琳你拥有得更多,她想要的东西你都有,你却没有给予她,所以才做出了这样的行为吗?"

"那她明明是这样想的,为什么又在我面前装出一副若无其事的样子呢?"

"因为没想到会被你发现啊。"

不正视问题就无法前进

低头叹气的世琳,让人一看就知道她是一个从小被宠到大的女孩,是一个受欢迎的人。她的身上微妙地带有一种引人注目的气质,所以一开始大家都很容易对世琳产生好感,随之亲近于她。相处得不错,世琳就会对大家敞开心扉,把心窝子里的话都掏给大家,然而共事结束后,大家不再需要世琳时,就都疏远了她。

世琳的身上存在着一定的问题,除了"付出"之外,她不知道该如何维持关系;但是只和"共事结束后就离开的人"亲近,这才是世琳更大的问题。

由于性格单纯直爽,能够很快与人打成一片,这是一件好事,但世琳也应该注意和人相处的分寸感。当然,这只是需要注意的一个细微之处，还是有必要从更大的脉络中观察自己的关系类型。

不只是世琳，阅读此书的你，一定也会有至少一次被信任的人伤害过的经历。当委屈的情绪压倒并支配我们的时候，我们没有余力去顾及任何事情。所以，我们需要时间，只有在愤怒、委屈、怨恨等压抑内心的负面情绪逐渐消失后，才能直面自己、直面对方、直面这一段关系。从这个角度来看，世琳还没有摆脱"感情的沼泽"。

逐渐从感情的强烈冲击中脱离出来的时候是正式解开关系枷锁的最佳时机。这时如果不打起精神，就会被虚脱、无意义、虚无、莫名的负罪感和愧疚等感情所束缚。这样一来，感情的洪流会再次袭来，并反复将你卷入其中。

虽然有些事只是想想都觉得很难过，但是再痛苦也得直面现实。如果不仔细观察过去的关系，就无法摆脱感情的恶性循环。

这不怪我，也不怪你

被信任的人背叛或受到来自对方巨大的伤害时，最先想问的问题就是："你怎么能够背叛我？为什么要背叛我？"

同样的问题会在心中反复出现，让自己捶胸顿足。但此时应该做的不是去思考对方为什么会那样，而是把焦点放在"那个人和我之间的关系"。你思考的问题应是："到底我们之间发生了什么事？我们的关系出了什么问题吗？"

只有找到问题的答案，才不会轻易去推卸责任。

"这都怪我。"

"不，这都是我的错。"

我们总是急于在关系发生问题时责怪别人或责怪自己。草率地去责怪对方，会让双方看到这段关系的本质，即两人间的关系已经处于危机之中了。其结果就是反复出现同样的失误。因为已经得出了"都是因为你"或是"都是因为我"的结论，就无法关注到更重要的问题本质。

如果回避真正的原因，就会出现"即使对象不同，关系的性质和结果却始终一样"式的悲剧。所以不要轻率地去怪罪别人或怪罪自己。只有把焦点放在"我和你"之间，才能找到关系出现问题的真正原因。

如果完全立足在"我和你"的关系之间去寻找原因，那么"被信任的人背叛"这样的想法可能就不会出现。虽然只是推测，但也许世琳所相信的"深厚的友情"也只是她自己单方面认为的，并非两个人共同认为的。

当我知道我们的爱有差距时

关系相互性的意义

...

我觉得你是对的人,原来你不这么想

"细想来,那位前辈和我并没有暧昧关系。只是因为我单方面喜欢他,所以产生了一种错觉。"

刚刚结束单恋的郑敏,起初仍会埋怨给自己留下一片遐想后而离开的前辈,后来才意识到是自己对他的"礼节"赋予了过度的意义而已。

20多岁的珠英也吐露了同样的烦恼:"我有一个从初中时就很要好的朋友,但是最近看了那个朋友的脸书,感觉受到了巨大的打击,因为那位朋友列出的最佳朋友名单中没有我的名字。"

无论对方是同性还是异性,谁都会有过这样的经历,即突然意识到在自己心目中对方的分量与对方心目中自己的分量差距竟然如此悬殊。

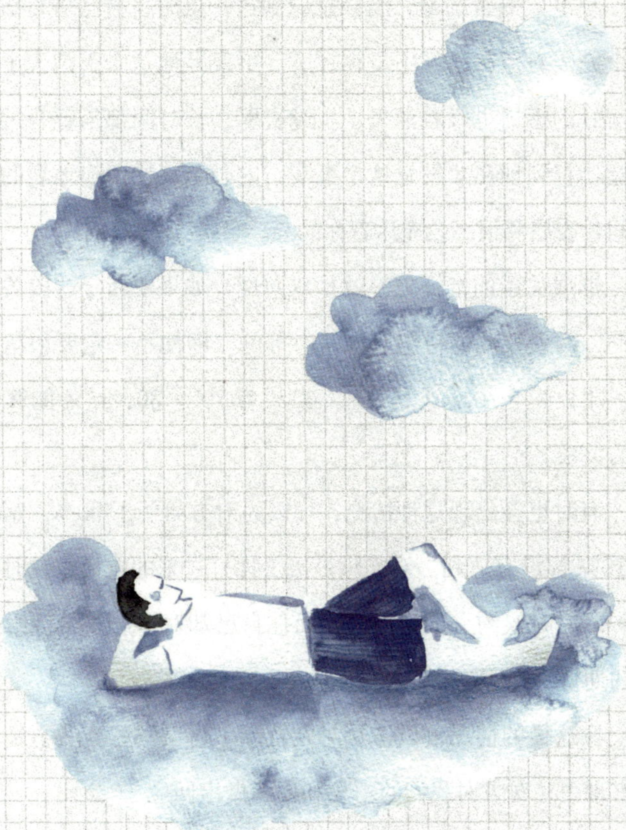

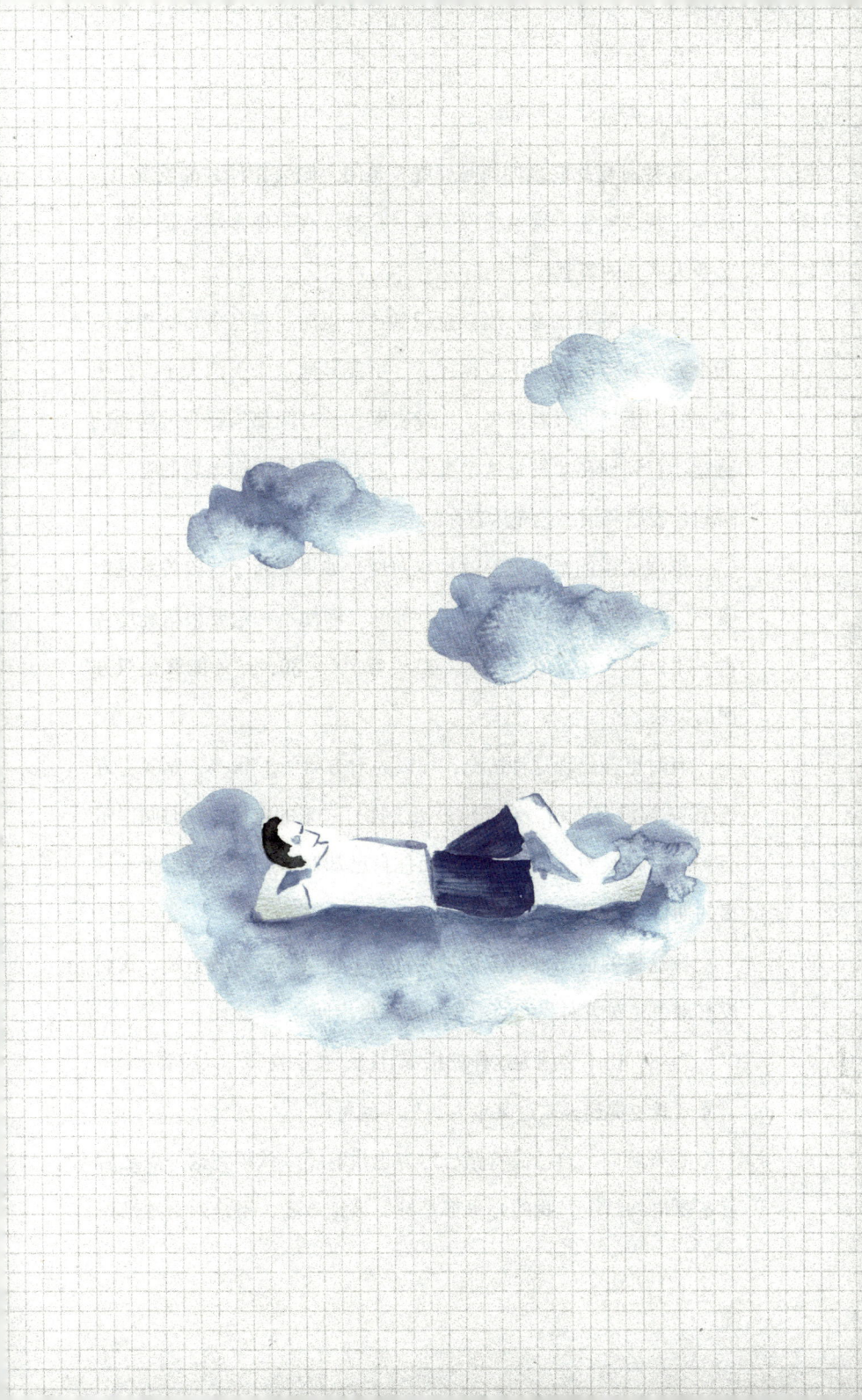

这种时候我们该如何是好呢？是闭上眼装作什么都没发生，还是正视现实呢？突然发现原来只是自己在自作多情，是一件多么令人痛心的事啊！

更令人痛苦的是，当你意识到这一点时，自己一直幻想着的那个完美对象就已经不复存在了。不仅是他这个人消失了，幻想中美好的感情也跟着消失了。过去那么长时间都未曾有过这样的感觉，直到现在才发觉这个事实，内心会直接山崩地裂的吧。一瞬间，委屈和愤怒会充斥着你的心。

形成关系的特征之一就是双向性。如果要断定这段关系是健康的，两人彼此的付出应该是对等的。即使不一定要很精确地各占一半，也至少应该是60∶40或者70∶30，这才能算是双方面的关系。

有时也会出现这种情况，你以为对方给予了90%，其实对方连10%都没有达到。对方只是接了你打过来的电话，在时间偶尔有剩余的时候约一下你而已，而你自己却对这一线希望给予了过多的期待。

像这样的情况可以说是对方背叛了自己吗？当然不是，我们没有理由让对方对我们的幻想和期待做出回应。

当然，也不必因为这样就指责自己，畏手畏脚。只需要承认："原来我也那样喜欢过某个人啊！"就可以了。

心有所向，自己没有错，对方也没有错。认识到这一点之后就不要再纠结了。我的心里都是她，被她占满，不是因为她操控了我的心，而是我自己的感情所致。只要能想通这一点，就能从自己的痛苦或对他人的怨恨中挣脱出来。并且，终有那么一天，你会理解对方，放下心中的执念。

其实我早就知道了，我对你和你对我的心意并不同。

"我们之间是公平的交往关系。尽管如此，我还是被背叛了。"

也许有人会产生这样委屈的抱怨。那么，让我们在内心中问自己一个问题："在知道（主观意识到）自己被对方背叛抛弃之前，我都做了什么？"

如此一来，我们便可以从"对方为什么那么做？"这个困扰中跳出来，将焦点转移到自己身上来，或许就会产生这样的思考："我为什么会不知道他并不在意我呢？""我为什么要装作不知道他不在意我呢？""我对他来说根本不重要，难道我连这都没看出来吗？"

对那些主张自己遭到背叛的人进行心理治疗的时候，我时常会发现，虽然他们一开始都会说："没想到那个人会这样对我。为什么会这么突然！"但后来又会说自己其实察觉到了。我经常看到这样的归结模式。对于这种人来说，他们甚至从一开始就产生了"这是一段单方面付出的感情"的直觉。

为什么已经有了这样的直觉却置之不理呢？也许有很多种理由。选择利用自己、欺骗自己的人为交往的对象，并想与之建立良好的关系，其中的核心问题是什么？这是一种想要与"我选择的"的对象维持关系的欲望。虽然很盲目，也很令人痛苦，但仍然导致你无视了之前所有的征兆、信号和直觉。

出于想维持关系的欲望，自己欺骗了自己，强迫自己努力维持，并强行抓住这段摇摇欲坠的单向关系。

你的坚持与不甘心，让你无法摆脱这段关系，唯一能够让你下定决心离开的契机，或许就是突然有一天，你清醒地面对了现实。当这段被强迫维持的关系结束时，从某种意义上讲，你的烦恼可以说是被打破了。然而对方或许还会在关系结束的时候，说出这样的话来："好好的关系让你给搞砸了。要不是因为你这样做……（我还能继续做梦……）"。但这也已经不重要了。

其实你早就有了答案

每当我们与一个人交往一段时间后，两人之间就一定会出现问题，这时，关系的天平或许就会发生倾斜，会慢慢从双向奔赴的关系变成倾向于单方面付出的关系，不是吗？那么，每当遇到问题的时候，选择逃避，真的是一个正确的方式吗？

如果有人这样问，我会这样回答："哪怕就一次，按照自己的直觉来吧。"

我的意思是说，请仔细思考自己内心真实的感受。只有你自己才能找到答案。如果你否认了自己的直觉，那么和他的关系就不可避免地要进行调整。更何况，如果是自己想挽留的关系，就会更加想回避问题。

当真正信任的人要离开你的时候，不是只有他们有离开的权利，当你察觉到的第一时间，也可以先选择放手。不管怎么挣扎，无法维持到最后的关系终究是要走向结束的。虽然会令人心碎，但是，面对应该割舍的关系，只有放手才最合理。如果接受这个大前提，就可以尽快从伤痛中解脱出来。

最重要的一点是，要在"单方面受到的伤害"中保护自己，不要把本不该有的伤害演变成双重甚至多重的伤害。这就是我们不能无视从内心深处发来的信号的原因。

令人厌恶的勇气，接下来我们该明白的事

重拾爱人的勇气

朋友的朋友为什么讨厌我？

SNS 是通过文章和图片来展示自我的一个空间缩影，在这个信息公开的世界里，没有比"朋友的朋友"更能刺激我们的了。SNS 可以一眼看到朋友们的关系组织图。当然，也可以从中清楚地看到自己的位置。因此可能会产生自卑、嫉妒和被剥夺的感觉。

敏善的 Facebook 和 Instagram 好友中，有一个让人特别羡慕的朋友。

"我有一个很要好的朋友，但我想在他那里确认一下我在他心目中的地位。看他给其他朋友发的动态上评论得特别有诚意，但对自己的回复都特别简短，我感觉有点儿受伤。"

"你一般会在当时就告诉朋友你有些不开心吗?"

"以前就算了,最近又有提到过。"

"看来是朋友有变化了,不然你是不会说出来的。"

"是的。"

"是因为有什么契机吗?"

"最近他对另一位朋友心存好感。"

"是男女朋友吗?"

"不是,就只是普通朋友。听说是在画展聚会上认识的,最近好像变亲近了。"

"原来是有了新朋友,所以让敏善你感到被忽视了。"

"进到那位朋友的个人背景介绍里一看,名校出身,颜值也高,还会说话。我那朋友喜欢也很正常。"

"是让人很在意啊。"

"每次和我去吃饭都是同一个地方,和那位朋友去的都是好的餐厅……总之,是与我见面时完全不同的。"

"……"

敏善吐槽了好长一段时间后站了起来。此后,敏善与朋友多次争吵,最终双方决定给彼此一点时间。当然,这并不是敏善提出来的,而是朋友提议给彼此一段冷静期。

SNS 如此准确、快速地展现了朋友们的关注方向。当发现朋友不是和我而是和其他朋友去参加其他聚会的瞬间,"砰"的一声,心就会一落千丈。

人老情不老

同性之间也存在着所谓的"暧昧"与"关注"。可能存在于老友之间,也可能存在于还不甚相熟的朋友之间。当你发现自己朋友的关心对象不是自己,而朋友还总和其他人在一起,通过回帖相互点赞,你就会产生一种很奇妙的感觉,会很在意地去翻看这位新朋友的 SNS。

"是啊,朋友之间也得讲'门当户对'吧。我的朋友也毕业于名牌大学,所以他们两人应该很聊得来。"

垂头丧气的敏善,并不是 10 多岁或 20 多岁的年轻女孩,而是一个马上 40 岁、已经结婚生子的女性。她为什么还对朋友这么执着呢?这是因为敏善并不了解实际的情况。即使人过中年,已经建立了家庭,也需要可以进行情感交流的同龄朋友。现实生活中,一个女性被妻子、妈妈等新角色所束缚的话,就会和原来认识的朋友们疏远,也不容易交到适合彼此,可以纯粹地交流的新朋友。

上了年纪,身体会慢慢变老,但感情不会。60 多岁、70 多岁的母亲们依然会像少女一样,会嫉妒、耍赖,因为想要得到爱的心不分年纪。因此到了 30 岁后半段,也正是感情要经历"坐过山车"的时期。

回到故事的原点,敏善面对眼下的状况十分平静。不知道是

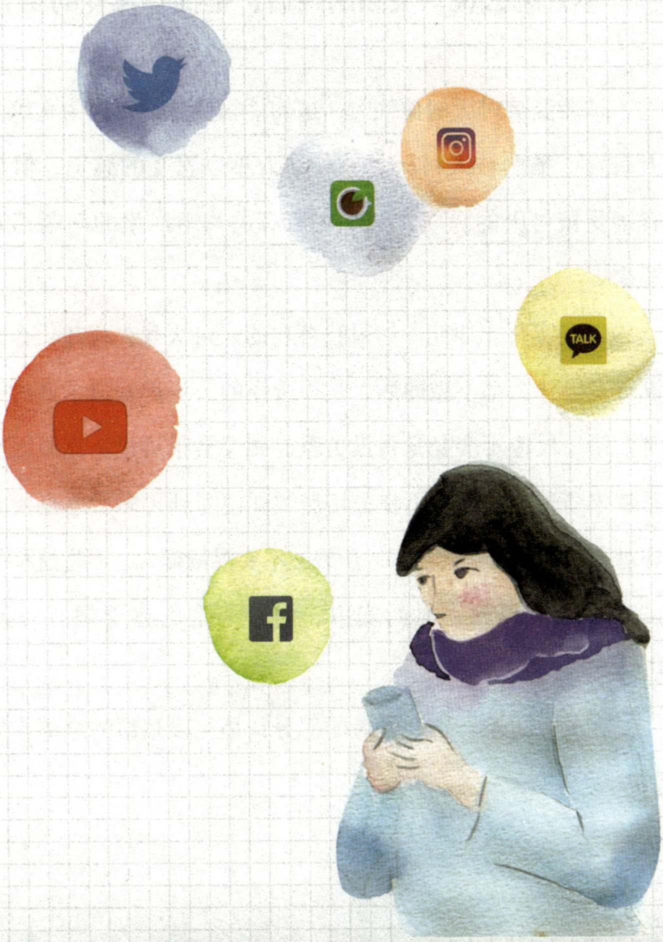
TALK

因为对什么事都能积极、单纯地处理的性格，还是她在故意回避问题。但无论如何，这段感情动摇的时期似乎已经过去。敏善对我说："老师，我没事。到我这个年纪，也得有接受被讨厌的勇气了，这才是真正的成熟。"她一边说着，一边起身整理座位。

嗯，果真如此吗？我们来谈一下"接受被讨厌的勇气"吧。

...

不管怎么说，关系的最后，是拥有再爱的勇气

"接受被讨厌的勇气"，这句话很受欢迎，因为它给了很多人启发。虽然被人讨厌是一种让人难以忍受的感觉，但只要拥有接受被讨厌的勇气，似乎在所有关系中产生的问题都会得到解决。

但现实并非如此。如果我喜欢的人讨厌我，我却什么感觉都没有，也什么都不做的话，是很奇怪的。当你知道了谁讨厌自己时，第一反应不会是觉得没关系，相反会很难过。克服因被人厌恶带来痛苦的方法，不是去培养"即使受到再多厌恶也要努力去和对方好好磨合"的意识。所以，不要混淆概念。产生这种想法，虽然可能会得到一时的安慰，但是心上的盔甲终有一天会被压垮。

在关系之中，走到最后的部分，是一段感情的全部。如何总

结和整理最后的感情，不仅会影响这段关系，还会影响之后新的关系。

因为一段关系结束时，对感情设定的方向会发生变化。如果只是反复回味和抱怨这段感情中不好的部分，即使下次再遇到好的缘分也会畏首畏尾；相反，如果觉得"就算如此，至少也曾度过了一段美好时光，这就够了"，从这一点出发，泰然自若地整理一下这段感情，那么当下一次再找到好朋友时，才会带着笑容，敞开心扉，握住对方的手。所以，对一段感情最后的情感整理，是下一段关系的开始。

因此，就算一段关系的结局不是太好，也不要以悲剧的心态来结束。只有保留美好的曾经，不以憎恶掩盖回忆，尊重从过去到现在共同度过的时光，才不会觉得所付出的感情与时间都是浪费和虚无。

最重要的是，我还能够一如既往地拥有喜欢与爱别人的勇气。在与人交往的过程中，我们不需要接受被憎恶的勇气，而是要坚信，即使受到伤害，经历过关系的破裂，还依然拥有再次去爱的能力。无论受过多少伤害，无论这种信念有多少，都要把精力集中在自己身上，当我重新去爱，保存和培育"爱的新苗"时，我可以不再被过去破裂的关系所牵绊，重新回到我所希望的关系中去。

第三章　根据关系远近来利用

原来家人更自私

接受和拒绝

十个手指头不一般痛

"你是我的家人呀,所以当然要帮你啦。"

这句话到底是真心还是假意呢?如果放在从前,这或许是真心话,但在当今这个社会,却可能是虚假的。家人是很容易被责任和义务捆绑的关系,这也就意味着,在现如今这个世上,仅凭着一颗"自发"的心去履行孝道并不容易。

"我们是一家人嘛。"

这一句话会将许多问题凸显出来,也会掩盖许多问题。因为是家人,本应该更加照顾,更加体谅对方的,但是却没有做到。并不是不够努力,不够上心,其实,是不想去做。为什么会这样呢?

不要因为自己没有按照家人的意愿行动就陷入无谓的负罪感

里。你应该重新审视那些打着"家人"的旗号而盲目地对你提出的种种要求。另外,应该认真考虑一下自己所接受的要求是否切实可行,并思考家族成员们为什么对你施加压力,以及为什么只针对你。否则,自己的人生终将会被这些与自己有着血缘关系的人夺走。

距离结婚还有一个月的孝琳遇到了难题。她对自己的处境感到十分悲观,她说:"我们有同一对父母,住在同一个屋檐下,一个是公主,一个却是女佣。"孝琳有一个小妹妹,因为从小就特别漂亮,便独占了家人的宠爱。但与妹妹不同,孝琳却受到了"有也行,没有也行"的对待。

"妹妹在父母的支持下,把自己想做的事情都做了。出国留学,回来之后又参加了选美大赛,还有每次出现不错的结婚对象的人选时,总是先介绍给妹妹。所以她嫁得也很好。如果是因为家境不好需要我勤工俭学的话,我都不至于这么伤心。但是现在连婚姻大事都变成这样……"

孝琳拭去脸上的泪水。婚礼是她出生以来第一次成为主人公的瞬间。但是,现在连婚礼也要因为考虑妹妹的情况而无法按照计划进行。本来计划孝琳先举行婚礼,然后妹妹再举行婚礼的。但是妹妹的结婚对象突然接到去欧洲分公司工作的调令,她的父母毫不犹豫地将孝琳的婚礼推迟到后面举行。

"让孝贞先结吧。你推迟举行婚礼也可以的嘛。你可是姐姐呀。"

家人的幸福
是以某个人的牺牲为代价而换来的

至于后来的情况,我不得而知,但我并不期待会有一个美好的结局。通常听到这个故事,人们会有什么样的想法呢?或许会感到非常吃惊:"怎么会有这样的家人?"但是现实生活中,更过分的家庭比比皆是,只是没有显露出来。家人间情绪性的暴力相当常见,子女多的家庭尤为严重。因为越是子女多的家庭,就越是存在像孝琳一样"被牺牲的子女"。

在这种情况下,如果与其他兄弟姐妹产生矛盾,问题将变得更加复杂。当事人会委屈地说:"为什么都要我一个人牺牲?"但是其他成员则表示:"只要你将这一切承担起来,所有事情都会变得很轻松。"这样的团结会让当事人感到更加孤单。

"你这孩子怎么这么自私呢?你只要稍微忍忍不就好了吗。"

"我从未说过要你牺牲这样的话。是你自愿的。如果不愿意

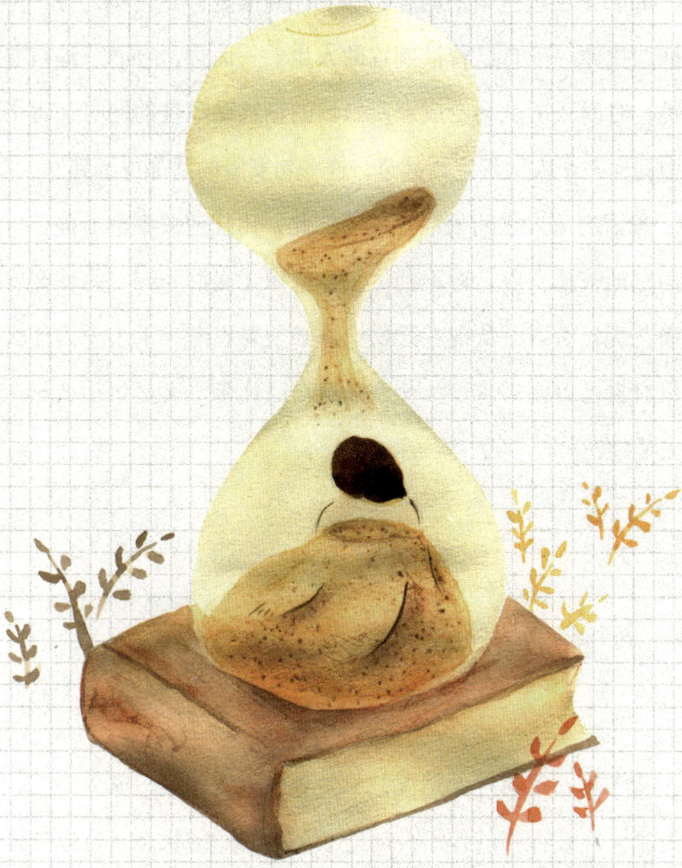

的话,当时你怎么不说出来呢。"

通常强迫你做出牺牲的家人会使用类似于这样的攻击性语言。但是我们都清楚,这种话不能随便就说出来。

如果正在读这本书的你,一直在为家庭做出让步,我希望你能回顾揣摩一下自己曾被搁置的人生。一而再,再而三地被要求牺牲,时间久了就会变成理所当然的牺牲。牺牲的同时却得不到家中任何一个人的肯定,甚至,连一句安慰的话都得不到。

所谓的家人之间的牺牲就是如此,比任何关系都要痛苦。彻头彻尾地被孤立着,看不到尽头,就像无底洞一样。为什么要自找痛苦呢?所以,从现在开始,你必须要思考一下了。为什么家人只对自己诉说需求?为什么强迫自己让步?又是为什么只让自己去牺牲?

家庭关系中更为重要的是距离

像孝琳一家这样的情况,只是表面上看像是一家人而已,但作为家人应该存在的作用,却处于一种故障的状态。就像身体不舒服的时候需要休息一样,当关系出现问题的时候,也应该休息一下。你可能会说:"毕竟是一家人,总不能不见面啊!"休息的意思并不是说避而不见,相反,是为了在以后的日子能够与家人更好地相处，所以有必要思考并厘清亲人之间的关系状态。

希望你能从"只有粘在一起才能维持好关系"这种陈旧的观念中脱离出来。一段真正良好的关系，是把"我"和"你"进行明确的区分，看作两个完全不同的人。也就是说，不能够把"家庭"当作所有人为一体的群体。真正良好的关系是不会把两个或多个小个体揉成一团的，家人也一样。在真正良好的关系中，每个人都有着各自的形象和各自的闪光点，不同的光亮组合在一起，整个家庭才会更加和谐幸福。

"你见过星星有重叠的吗？它们不都是有一定间隔的吗？因为为了让每颗星星尽情发光，星光与星光之间总是存在着一定的距离。与家人之间，保持这样的距离，也同样很重要。"

这句话曾是我对孝琳的忠告。实际上，我相信星星之所以美丽，与其说是在于星星本身，倒不如说是在于"星星之间的距离"。因为这种距离，不仅确保了每颗星星的独立性，而且每颗星星的光都不会被遮挡，并且能尽情地散发光芒。关系也是如此。所以，要从以家人为理由形成的"你的就是我的，我的就是你的"这种没有界限感的想法中挣脱出来。不然的话，谁也无法发光。

家庭关系不会断
去过自己随心所欲的生活吧

父母和子女原本就不是可以互相选择的,也无法轻易断绝关系。

"无法断绝关系,不就是拿它没办法的意思吗?因此,只能选择接受。"

不,并不是这样的,即使无法切断关系也不用必须去接受。其实,关系是可以拒绝的。并且,拒绝才是核心。只要认清这一事实,关系的状态才会发生变化。反过来说,因为不用害怕会断绝关系,所以不要害怕去拒绝。

以前,你很难拒绝,是因为害怕断绝关系,害怕被抛弃。但如果你明白了亲情是"切不断,弃不掉"的事实,那么就可以得出结论——父母和子女间的关系并不是什么无奈又无从下手的事情。

希望是存在的,只是需要你拥有承受挫折的力量。这里的挫折,不是指关系的断绝,而是要脱离父母去独立。这意味着你将放弃依赖,为摆脱与家人过分的亲密关系而努力。在这一过程中经历的挫折与困难,最终可能会成为恢复健康关系的契机。因此,不必害怕拒绝会让家人失望、挫败或内疚。因为这可能是为建立一段健康的关系所必需的考验。

现在关闭奉献模式

牺牲的最后期限

...

谁也不能比我自己更宝贵

"因为是家人,所以我应该照顾他。"

带着这种话题来找我的来访者,我就会问他们这个问题:"你打算照顾家人到什么时候?"

一般这时候,十个人中有九个人都会用困惑的表情凝视着我。或许也是因为他们第一次听到这样的问题。

想要减轻家庭的负担是件好事,但是甘愿冒着自己的人生停滞甚至是倒退的风险而去牺牲就是正确的做法吗?如果这样做会让你心里舒服的话,或许是正确的。但是,如果你一开始带着那样的想法做出了牺牲,但牺牲了太多次后,现在觉得很吃力了,那么这时就有必要向家人坦白告知自己可以献身的时限和程度。也就是说,应该将献身模式改为关闭状态。

"我只要把这笔债还清了，就不会再帮家里补贴家用了。"

"我会和你们一起生活到今年为止，明年三月我就搬出去自己住。到那时为止，我会尽全力的。"

"我打算从明年开始读研究生。这是我想获取第二职业必要的过程。"

现在，该轮到为自己的追求而生活了，所以要清楚地告诉家人，该是自己停止牺牲的时候了。至于家人是否接受，可以留一些做决定的时间给他们，但你的态度一定要坚决，否则，届时你将走上更加艰难的苦行之路。

"不要过多去承担属于对方的责任，因为即使你这样做了，他也不会有任何改变。"

这句话是对虽然努力鼓足勇气要停止自我牺牲，却在遭到家庭成员拒绝后，立马就泄气的人说的。

当你面对家人时，有时候，为了守护自己的利益，需要付出更多的努力，即使是一点小事，也要赌上自己的尊严。而且即使你做出了很大的牺牲，也很容易得不到相应的回报，甚至不能去诉苦，这就是在家庭关系中存在的问题。因此，在面对家人时，更应该明智地使用"否定权"。

家庭问题虽然伤人,却不知道竟如此扎心

我之所以如此恳切地说,"越是家人之间的问题,越要果断处理",有几个原因。

首先,是自我债务感。为了满足家人的要求,将自己的欲望和想法一再搁置,这就好像你在一点一点亏欠着自己真实的内心,这样长时间下去必将会出现问题。如果被长期压制的欲望已经快要爆发,那么内心深处的那个你要求一次性偿还"债务"的日子是一定会到来的。如果这时仍然不去理会自己内心真实的声音的话,就可能会变得疲惫、倦怠,甚至患上抑郁症,就连从今以后的日常生活也会更加辛苦。

只有经历过为家庭牺牲的人才能体会其中的滋味。如果平生一次都没有按照自己的意愿生活过的话,又怎么能够察觉出自己内心的欲望并控制自己呢?这不是一件容易的事。为了家庭而努力固然是宝贵的品德,但满足被自己压抑的欲望和梦想,也是无比宝贵的。

其次,越是献身于家庭的人,越有可能成为对他人过分亲切、过分照顾的"服务型人员"。一个人付出得越多,就越会期待别人也能这样为自己付出。如果有幸遇见一个好人,那么就会幸运地得到认可与关怀,但如果没有遇到呢?如果遇到了把自己的付出当作理所当然还乐在其中的人,那么付出的这个人的人生到底

会变成什么样子呢？那简直是一场痛苦的灾难！

再次，痛觉是能够感受到痛苦感情的知觉。长时间的牺牲，而不去面对家人之间的问题，会渐渐丧失痛觉，也就是说，即使内心很痛苦，也感觉不到疼痛。持续地在家中为家人奉献，在外为他人服务，就像24小时全职服务一样。只有同时体会过幸福与痛苦，才能分辨出幸福的美好和痛苦的难过，才能对痛苦产生深刻的体会。但若是每天一直在同一个位置上，扮演着同一个角色去生活的话，慢慢就会觉得"就那样吧，还好啊"，于是便失去了痛觉。

在医院里，最难治疗的患者就是"即使很痛也感觉不到的人"。明明身体上很难受，自己却感觉不到，表面上看起来还毫无波澜。至于精神上的痛苦，对于某些人来说，是必须花费大量的时间和精力才能发觉的。

因此，为了不沦入如此境地，所以要在感知到危险信号的时候及时按下停止奉献的按钮。改变自己人生的方向，要从改变他人转换成改变自己。只有这样做，家庭生活才不会因此被破坏，也能避免更大的悲剧。

最后，如果有人问我："到底什么是家人？"我会回答他："母亲背着母亲的行囊，父亲背着父亲的行囊，兄弟姐妹们也背着他们自己的行囊，而我呢，背着我自己的行囊。然后，我们一起携手前行，这才是家人。背起自己的行囊，相互陪伴，一起向前，这才是家人之间能够和睦相处的首要条件，也是所谓家人真正的意义。"

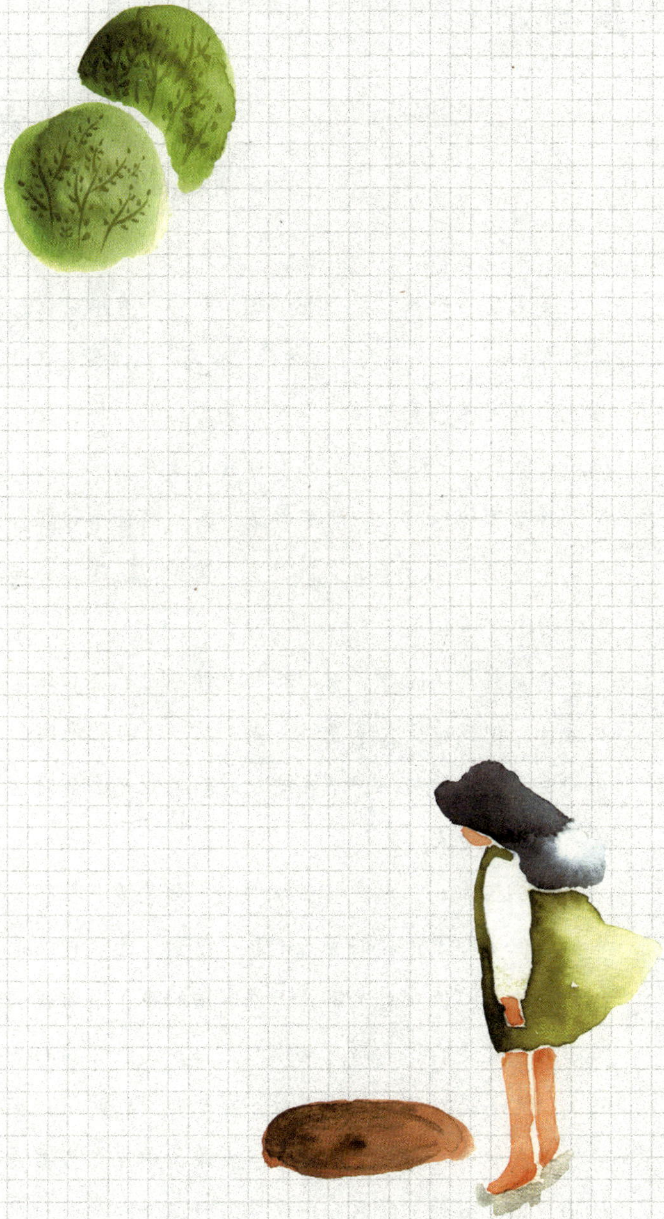

> 深入思考

越是家人
越需要主动地关心

如果有一个人，总是关心你，和你一直很亲近，但突然有一天，你感觉到了对方的"冷漠"，你会怎么办？首先你肯定是感到陌生、不安，甚至恐慌，总之会产生很不好的感觉。这样的情况大部分发生在家人之间，类似于母亲不像从前，姐姐不再是小时候的那个姐姐，感觉丈夫逐渐陌生，妻子突然变了，等等，这些都会冲击到你的内心。

在这样的关系中，对冲击的解释不能一概而论。虽然如此，但我希望大家能够首先关注一下自己的观念发生的变化，同时关注一下在这段时间里你是否会对这种关系产生新的认识。

我们常常说，人是社会性动物，都是活在人际关系中的。但实际上，我们并不是靠"感受"着这种关系来生活的。关心他人自然不是一件容易的事，因为我们最关心的一定是自己。而且与他人交往，需要在意的事也很多。尤其是对那些经常来往，非常熟悉的对象，我们更容易忽略一些交往上的细节，更难集中注意力去关心他们，因此我们可能直到过了一段时间才会意识到对方积攒已久的不满,甚至感慨道:"是吗?我都不知道。"

发现儿子有异样的妈妈问道:"你最近有什么事吗?"儿子回答:"没有啊,没什么事。"妈妈没有只说一句"知道了"就结束谈话,而是执着地继续询问,最后了解到了真实情况。对于发生在别人身上的事情,我们并不了解,特别是这个人的内心活动,更是无从知晓。因此,察觉到对方的异样,得知对方出现问题已久后,我们会产生:"怎么当时不说呢?"这样的疑问。反过来也是一样,如果你心里有事,不要想着对方可以立马看透你,及时对你倾注关心,要知道,有时候如果你不向对方说的话,对方是永远不会了解的。

不过,当察觉到对方的异样时,我们也可以及时去询问。提问时把身体倾向对方,是拉近关系的开始。在身体笔直、不倾斜的状态下,却想要与人变得亲密,是很矛盾的一件事。有的人性格比较木讷迟钝,但是就算对于这样的人来说,也是想要亲近他人的。他们只是不懂得如何去接近他人或是对于接近他人的方法略显生疏。

人生开始的第一步就是"问问题",尤其是小孩子的问题特别多。

"妈妈,妈妈,这是什么呀?快来看看,这是什么呀?"

人们对第一次看见的东西、第一次见的人都会表现出关心和兴趣,也会产生好奇并且很积极地回应,内心的大门也总是敞开的,随时准备建立关系。但是伴随着成长,却好像忘记了如何去提问,也渐渐迷失了通往良好人际关系的路。这条路长时间被弃置,便布满了荆棘和杂草,人们逐渐更加专注于对自身的投入,而对他人的关心则一点点减少。这样,关系的纽带就会逐渐消失。所以我们需要"用手把它们绑在一起"。

一段关系是从一个发自内心的提问开始的。如果想要提问的话,首先要观察,然后看到好奇的事物,要去走近并了解。这样再加上物理上的距离,以及随着时间的推移,双方的关系会逐渐成熟。

红发安妮和黛安娜[①]并不存在

对母胎朋友（发小）的幻想

...

我今天和交往了14年的挚友绝交了

由于我的医院位于上班族较多的地方，因此大部分的患者都集中在30岁到40岁之间。不知从何时开始，他们有一个经常反复提起的话题，就是所谓的"老朋友"。有的人称之为挚友，有的人称之为最好的朋友，有的人称之为闺蜜。

"不久前，我和交往了14年的挚友绝交了。""我从交往了10年之久的最好的朋友那里收到了绝交通报。"故事的开始往往是这样的。

而接下来他们又通常会说出这样的话："但是我不知道为什么会'被绝交'。"

[①] 出自《红发少女安妮》，改编自加拿大女作家露西·莫德·蒙哥马利1908年出版的小说《绿山墙的安妮》。该作品主要讲述了女孩安妮离开孤儿院被卡斯伯特兄妹收养并长大成人的故事。黛安娜是安妮最要好亲密的知心朋友。

为什么会这样?怎么会走到这一步呢?其实老朋友离开你的契机并不一定是什么天大的事。不是因为收不回借出去的钱,也不是因为被抢走了爱人;而是因为一件件小事的累积,就像初冬的积雪一样,日复一日地堆积,最终将屋顶压塌。

"我不知道为什么突然被绝交了。有点无语。"

30岁左右的上班族美贤十分生气地这样讲。长叹了一口气之后便泪眼婆娑,让我十分真切地感受到了那一刻她的困惑。

"没发生什么特别的事吗?那么,在接到绝交通报之前,你们都说了些什么?"

"好像……就只是说了些我们平时经常说的话题。"

"例如呢?"

"工作特别辛苦啊,工资也不上调啊,部长的为人太奇怪了,等等,大致就说了这样的话题。"

"那么那位朋友说了些什么呢?"

"还是像平时那样听我诉说。所以每当我遇到一些难过的事都会叫她出来。但是我朋友就会说,如果自己的年薪有我一半多就好了。"

然后我回了一句:"那你说了什么?"

"我说,'你和我能一样吗?'"

朋友，曾携手同行如今却形同陌路

在10多岁或20多岁的时候分明是好朋友，但现在却可能不是了。小时候的环境、烦恼、目标，甚至连周边的人都差不多是一样的。现在却与从前不一样了，背景不同，性格不同，烦恼也各不相同，社会地位也是有差别的。

"话说我家孩子这次在学校里……"

"好烦啊，不要再谈孩子了，你们知道我在公司都发生了什么事吗？"

"这次休假我准备去夏威夷休息一周再回来。沙滩装应该全部都要重新买了，一起去百货店吧。"

"不行……我休息一天不做生意的话，客人就会变少的。"

虽然很难去承认，但是我们必须要接受这个现实。我们彼此主要关心的事都是不一样的，从今以后，一起行动、感同身受都是很难的事。让我们重新回顾一下美贤的故事——

"你和我能一样吗？"

这也许就是对美贤朋友的决定性一击。不过这七个字还不能将所有的理由都掩盖。美贤大概从10多岁开始就说过类似的话，虽然没有恶意，但至少是以这种心态在对待对方的。也许是小时候朋友觉得没关系，也或许是她一直在回避和忍耐。"因为我们关系好，所以很自然，很放松，才说出那些话的。"美贤努力想要去合理化这一切，但是已经晚了。这么多年，两人变了，周围的一切也都发生了变化，所以无法像从前那样继续忍受了。那天，郁结已久、宣布绝交的朋友的心里一定积压了一句残忍的话。

"现在，我已经不想再听你的那些话了。"

…

因为彼此认识太久，太过熟悉
反而不太明晰你和我的关系

有人曾说过，在关系中也存在着"生老病死"。就像生活中会不断产生新的关系一样，关系也会落幕，我们只是没有认清事实而已。

"那就是你该做的啊。做什么白日梦？"

"喂，你现在没什么事吧？过来接我一下。"

朋友一直挂在嘴边的口头禅，或是平时熟悉的举动，在某一天却成了刺在自己心上的一把刀。连自己都没能察觉的愤怒涌上了心头，在爆发的那一瞬间，脑海里突然浮现了这样的想法："你，原来你根本就不是我的好朋友啊。"

如果得出这样的结论，刚开始的你，可能会伤心、会消沉、会崩溃，觉得自己身边一个人都没有了，甚至觉得或许从一开始就不曾拥有过这段友情，陷入这样的空虚感里。然而，倒不如以轻松的心情整理好这段关系，可这却并不容易，即使知道对方没有把自己当朋友，却还是无法轻易放弃这段关系。

"我们一起度过了那么漫长的时光……"

"想想那些只属于我们两个人的儿时回忆，怎么能够说断就断呢？"

"交往这么久的朋友只有他一个。如果连他都不联系了，我就没有最好的朋友了。"

各种各样的理由阻挡着我们的脚步。再加上如果对方表示还是需要我，就更加难以厘清了。

"他说非常需要我。我也并不讨厌和他一起有过的回忆……只是这样的朋友要继续留在他身边吗？"

如果对方需要我，就能让我感觉到一丝微薄的优越感，所以就会偷偷地考虑一下要不要回到从前。

红发安妮和黛安娜的幻想

老朋友就像是长久以来的习惯，要改掉或是戒掉都需要耗费大量的精力。

今天真的好累啊，真想和他打个电话聊聊。啊，对了，我们绝交了……

连自己都毫无察觉地拿起手机，然后又默默地放下了。不安与难熬，依依不舍与想念，心里又有些不是滋味，各种情绪纷杂交织。既然如此痛苦为什么要绝交呢？十多年来一直都是这么过来的，所以像原来一样继续生活下去不就好了吗？虽然也有过生气发火的瞬间，但是托那位朋友的福，也有过很多欢乐的瞬间。那么只要像从前那样容忍坚持下去不就好了。

这是你自己的选择，但是我并不建议去维系这种关系。空有外壳而有失内核的关系随时会出现裂痕，甚至总有一天会破裂。

只有彼此相互尊重，相互体谅，感情有来有往，才是真正的人和人的关系。

不是所有的关系都值得去包容。去维护能够保护自己、拯救自己的良好关系，对于那些令自己痛苦、沮丧、丧失自尊的关系，及时斩断才是正确的做法。就算是为了让新人走进自己的生活，也要先把坏的一部分清空，然后创造出空间才行。

像红发安妮和黛安娜那样的命运之友，能够称之为闺蜜的关系，在现实生活中并不一定存在。要知道，朋友也是可以选择的，而且是由自己来选择并决定的。拥有这种认识非常必要。

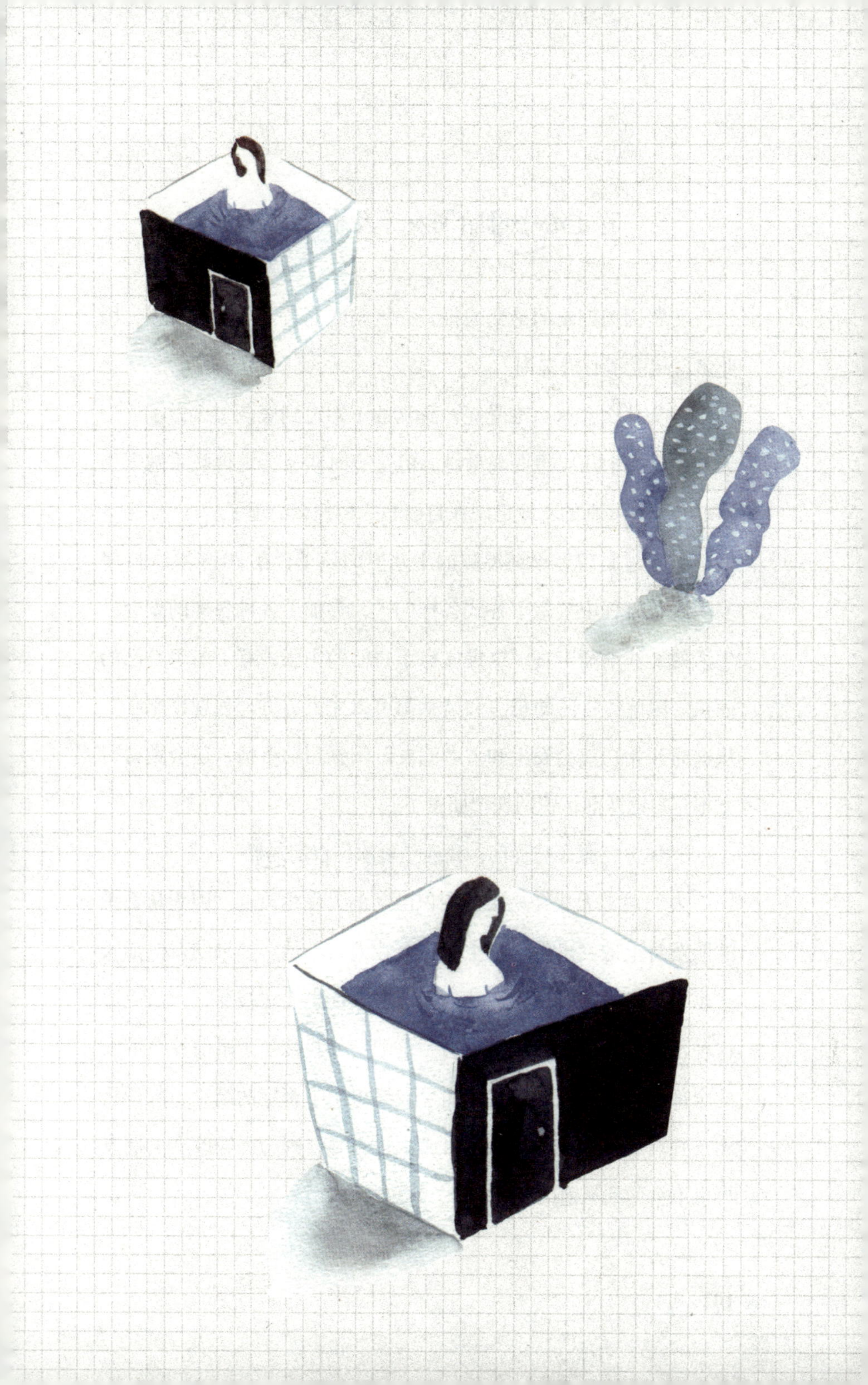

送走心中母胎朋友（发小）的方法

美贤因为好友的绝交通报，一度陷入痛苦之中无法自拔，因此多次接受了心理咨询。

"为什么会这么难受呢？我真的不知道到底该怎么做了。一天之中，有十几次想要联系她，但是有时候又会觉得联系她太伤自尊心了。我真的不知道现在自己是一种什么心理了。"

只不过是曾经单纯温顺的十几岁的孩子，在20多岁、30多岁的成长过程中接触了各式各样的人，参加了各种各样的聚会。生活的经验渐渐丰富，也慢慢有了自己的主张，有了属于自己的固执。因此，自己的想法和情感都可以大大方方地表现出来了。从这时开始，就会发生和"老朋友"闹别扭的事情，还会觉得对方不是自己从前认识的那个朋友了。

"你曾经那么的善良，我还是喜欢你以前的样子。"

人们通常无法轻易接受相识已久的人发生改变。因为从熟悉的朋友身上散发出的"陌生感"会让人很不适。如果朋友的成长或是正在发生的改变让你感到不舒服，你也无法接受、无法克服这种不适感的话，就认真思考一下吧："我接受了眼前这个朋友的全部吗？我能接受吗？"如果最终得出了否定的结论，却还将朋友强留在身边，就纯粹是自己太过自私，因为已经改变的朋友再也不会回到从前的样子了。

固守从前的我，坚持改变的朋友，这两者之间必然会发生冲突，留下的伤口甚至会比想象得更深。更何况，对方会在这场战斗中百战百胜。如果平时从未反驳过的朋友突然开始说出自己的想法，可能此时他已经拥有了站在他的身旁支持他的人。这就意味着你不必再在他身边了。不要觉得认识很久，相处起来很舒服，就觉得能随心所欲地控制朋友的想法。相反，要仔细地审视一下自己，是否在浑然不知的情况下，将朋友作为跳板来释放自己的欲望或需求。只有这样，才能够学会放手。等到有一天，你能够从容地接受朋友的变化，能够真心地支持有所改变又在成长的朋友，那时候，你们才能够再一次走到一起。

身边朋友的成功让我很不舒服

在嫉妒的破坏本能中生存

...

分享喜事会遭嫉妒，分享悲伤会成弱点

如果我还在准备就业，而朋友们都已经进入大企业工作了的话，会有什么感觉？在大学同学聚会中，朋友们相互诉苦，诉说着职场生活太辛苦，略带哭腔地叫喊道："公司扣的税实在太高了，太受气了。"还说着"我还在苦恼提一辆什么车呢"等类似的话题。虽然乍一听好像是在表达一些不满情绪，但实际上都是在自我炫耀。

"为什么我就没有向别人这样'诉苦'的时候呢？"

朋友的成长会成为我嫉妒的导火索。

"分享喜事会遭嫉妒，分享悲伤会成弱点。"这句话赤裸裸地展现出原本与所有人处于同一高度的某个人在率先站到更高位置的瞬间，大家就会从朋友变成敌人的现实。

人们总是见不得别人好，精神分析学者克莱因（Melanie Klein）

对人类情感中的羡慕、艳羡、妒忌心（envy）格外关注，在精神分析中，当把焦点放在情绪的破坏力上的时候，对"妒忌心"进行了单独命名。如果发现对方拥有了自己无法拥有的东西，如果不能成熟地对待内心正在悄悄萌生的情感的话，这些情感就会从根部开始被侵蚀，最终导致不好的结果发生。

在这里我们要正视的问题是，这种妒忌伤害到的不仅仅是对方，而且还会伤害到自己。人们不单单很难表达出羡慕、嫉妒等情感，甚至只是想象一下那种感受都会觉得很讨厌，能避则避。要想这样的话，不去参与竞争，避开人多的场合或许才是上策。因此，有些人为了寻找属于自己的舒适圈，就把自己封锁在自己的"独立空间"，如此来生活。

实际上，羡慕本身不是一件坏事，反而更应该视其为一种正常的心态。因为这是被想要进一步成长、想要进步的欲望所触发而产生的情感。但问题就出在处理这种感情的心态上。如果你不能很好地把控自己的妒忌心，或是无法适当地运用自己的嫉妒情绪的话，就会毁掉他人以及他人拥有的东西，甚至毁掉自己。

...

三十而立的人，三十就止步不前的人

直到30岁为止，人们大概都是在为了得到某种东西而孤军奋战地奔走。这个东西,可能是工作或学业,也可能是恋爱或婚姻。问题就开始于30岁这个年纪。从这个时候开始,大家的人生之路就会出现很大差异了。在30岁之际,有些人迎来的是停滞不前,而有些人则将自己多年积累的东西作为基石在持续成长。

这当然不是一场最后的较量,还有很多的"下一次",但是"首场比赛"总是最有意义也是最特别的。当每天形影不离的朋友,第一次开始和你进行比较的瞬间,你的心情马上就会变得不愉快。如果你是持续走高的那一方的话,应该也不会太过在意;但如果是相反的那一方的话,便会产生一种陌生的痛感。

"我上了更好的大学,我在更大的企业上班,我发展得更好,你怎么样?"最后就会变成这样明里暗里的较量。如果因为生育或是教育孩子等其他的原因不得不辞去工作,从那时起,每当看到继续职场生活的朋友那种昂首挺胸又理直气壮的样子时,那种"微妙的感觉"就会开始涌动。就像美素的情况一样。

"我和中学朋友们连续15年都会进行同学聚会。升入高中之后,大家选择了不同的领域,有人文、艺术,还有实业界。我选择了人文,毕业于首尔的一所女子大学,就业和结婚都先了朋友们一步。"

"那朋友们应该都很羡慕你吧。"

"或许是早些年运气好,好像一切都进行得很顺利。婚姻也还不错。"

"那到底是什么问题呢?"

"我也不知道为什么自己会有这种心理,不想参加同学聚会了。一位在艺术统计领域活动的朋友一直住在济州岛,最近出版了他的新书。实业界毕业的朋友本来在小地方读的大学,咬紧牙关学习了5年,最后通过了税务师考试。"美素觉得她的朋友们都过得很好。

"说实话,没想到他们会过得这么好,我以为也就过得平平常常。现在有一种好像除了我,大家都实现了些什么似的感觉,而我就只是在家待着。"

"因为有了比较,自然会感到伤心。这是正常的情感反应啊。"

"重点是我的这些朋友经常会在SNS上发一些动态。我只记得他们从前的样子,但是现在朋友们上传的都是略有成就的生活。感觉完全是另一个人。"

"你的朋友们大概也一直很羡慕美素你的。只不过朋友们已经习惯了这种羡慕你的常态;而美素你却不同,一直以来,你都是那个'被人羡慕的对象',但现在你是第一次站在羡慕他人的位置上,所以接受起来可能需要一些时间。"

承认羡慕他人时，方能看到自己想要的

美素说，看朋友的社交软件会有点儿紧张发抖。怀着"会不会什么都没有呢？"的心情登录 SNS 后，心却"扑通"一下掉到地上。她试着安慰自己说："不管怎么说，我嫁了一个好丈夫，日子过得又很好。"虽然她这么想，但是看到在华丽的地方和华丽的人们站在一起的朋友那种光芒四射的样子，还是觉得很难接受。

如果遇到这种情况，友情中的两个人都会感到吃力。不够优秀的一方因为不想看到朋友发展得很好的样子而难过，同样，不断进步着的一方也因为要顾及朋友的情绪而感到辛苦。到底该怎么办才好？

首先，美素要和 SNS 这些社交软件保持一定的距离，直到可以接受朋友至少一半的变化。压力都是自己给的，那就更没有必要给自己压力了。接下来需要做的就是承认自己羡慕别人的事实。只有这样才能了解自己真正想要的是什么，并且才能知道现在自己拥有着什么。

虽然会很困难，但承认自己的内心并采取对应的措施，才会变得轻松下来。没有人能够自由掌控这种感情，因此，大声说出"我真的嫉妒死你了"并不代表自己就是输家。自己想得到的却被对方抢先拥有，难免有情绪波动，只要把自己的情绪完完全全

地展现出来让人看到就足够了。开始做这种事时你肯定会脸红，但是没关系，重要的是下一步：在羡慕、嫉妒这种感情之下去发现自己真正想得到的，也就是探究自己内心深处隐藏的真实欲望。

我告诉美素，她之所以会对朋友的一些社会成就特别敏感，很可能是因为自己本身对社会生活的渴求。但换个角度看，美素的两个朋友现在还是单身，从这个方面看来，美素才是生活的赢家。在"嫉妒的丛林"之中，带着一些耐心去寻找，就会看到自己的需求和欲望，就会找到一条坦诚的道路。只要你参透这个奥秘，以前痛苦难受的心就会变得轻松舒服一些。

越过羡慕和妒忌，打造"自己的小宇宙"

感情本来就是不尽如人意的，所以不要为了维持那些让你伤心、不适的关系而牺牲太多的时间和精力。不然它就会变成一段让你失去自己人生目标的强迫关系。

更重要的一点是，如果现在你正在耗尽自己的心力，陷入妒忌之中的话，希望你不要沉迷于这段关系，而是要把重心放在自己身上。只要你拥有从容和自信，不管朋友去了哪儿，在SNS上炫耀什么，你都不会太在意。

因此，与其拿自己和他人进行比较，不如将心力放在自己的

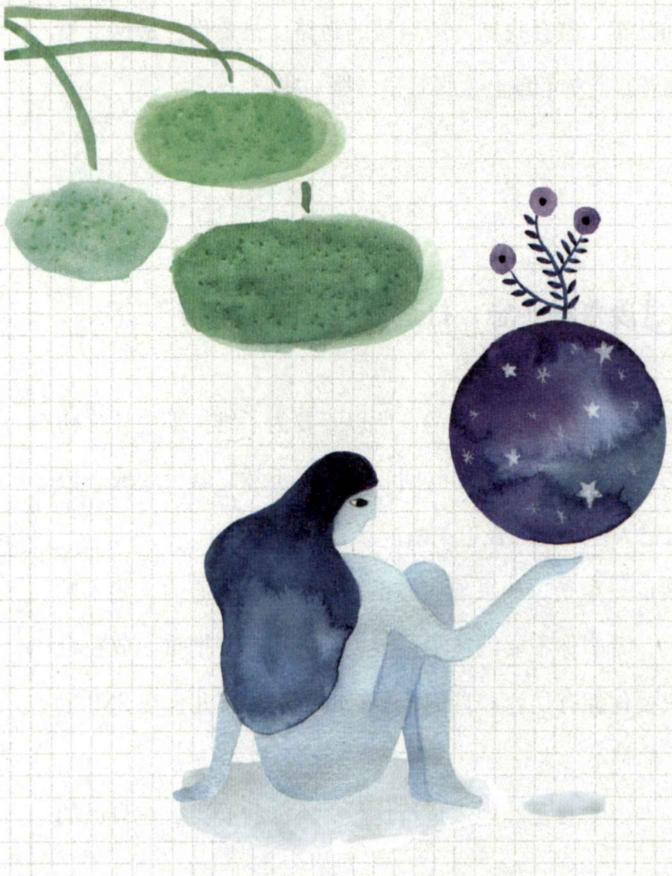

成长上，学会充实自己、不断地完善自己，然后集中精力将取得的成果展现在大家面前。拥有属于自己的时间吧，无论是去文化中心听烹饪讲座，还是去图书馆看小说，任何事情，只要坚持去做，就能拥有属于自己的财富。打造并拥有属于自己的小宇宙吧。

拥有自己的小宇宙会给自己带来足够的安全感和自我充实感。当你拥有了别人无法相比的能力与天赋时，就获得了在他人的影响范围内变得自由的特权。虽然这似乎看起来没什么大不了的，但只要你坚信这一点，并以自己为荣，便会慢慢不再因为嫉妒之心而焦躁不安。当你因为妒忌心而度过了一段艰难的日子，自尊心跌入谷底，这时，正是打造自己的小宇宙的最好时机。插花也好，画画也好，运动也好……无论做什么，都会减少因关系而导致的悲喜交集的情感。最重要的是，小宇宙还有坚定信心的作用。当离开你的人再回到你身边，这时你或许已经学会了不再患得患失，不再大喜大悲。这就是自我成长在人际关系中能够提供的最大的价值。

因为你对我好，
所以我就应该忍受同等程度的愤怒吗

感情的债务关系

把我当作沙袋的上司

在公司工作了十年的明勋，不久前申请了一年的休假。原因是帮助他成为正式职员并且和他关系非常要好的组长有冲动性人格障碍，导致明勋承受了巨大的压力。虽然这看起来像是常见的职场压力，但是明勋的情况却有所不同。

"令明勋你感到辛苦的那位组长，他知道你这个问题吗？"

"我觉得他应该不知道我是因为他才休假的，况且我也不是辞职。"

"原来是这样啊。听说两位的关系特别好，是吧？"

"是的，他既是我的上司，又把我当作弟弟，对我很照顾。但是，一旦他发起脾气，真的是让人无法忍受。"

"能具体说说吗？"

"他会大发雷霆直到解气为止，也不管是平日还是周末，一整天都要及时回复他的消息，如果不回复的话就会打电话给我。这边电话刚挂断，一分钟之后又打过来，一遍又一遍。组长每次在电话里一喊，我感觉自己都要崩溃了。"

"在谁看来这种行为都是有问题的呀。有必要指出来的。"

"我不能那样做，因为我也得到了很多。每次他大发雷霆之后，又会疯狂地对我好，然后他的行为就这样又被稀里糊涂地掩盖过去了。但是我的身体好像受不了了，每次只要感受到压力，我的肠胃疼痛得就像在扭曲一般。在过去3年里，我都一直在服用治疗肠胃的药。有时候在想，一定要这样糟蹋自己的身体来配合他的心情吗？但有时候又会想，大家可能都是这样度过职场生活的，会不会只有我在搞特殊。现在我的心里只想着，哪怕只是一年，我也想摆脱掉这个阴影。"

"即使是这样，你也应该做些什么，不是吗？现在虽然是分开了，但是最终你还是要回到公司工作。那么你就会重蹈覆辙。"

"我也明白，这样继续放任下去是不行的。"

他们的过分亲切是有原因的

从明勋的故事中可以看出，像明勋这种因为对方的易怒而受伤的一方，他们的人际交往模式有慢性化的倾向。一般情况下，对于易怒的一方来说，如果他们的怒火被朋友完全接受并吸收的话，他们之后就会像什么都没发生过一样回到和平模式。之后，由于自己发火而感到抱歉，就会给予受伤的对方"期待以上"的照顾。若是受伤的一方接受了这种过分的亲切和照顾的话，就会不自觉地产生如下想法：

"原来他是个好人，看来是我做错了什么。"

"其实这人也没有那么坏。"

这种勉强的合理化，使受伤的一方最终也进入了"假和平"的状态，而这就是关系开始严重扭曲的起点。直到一直在接受和忍耐的一方找到关系歪曲的原因，并下定决心结束这种恶性循环之前，这种病态关系只能继续维持下去。那么，怎样才能结束这种恶性循环呢？

对那些人来说，他们的过分亲切只是一种心理上的补偿，并不是真心在为你着想。为什么要忘记他们当时愤怒的瞬间，只对那些用来开脱罪责的假亲善煞费苦心呢？相比起得到100次愤怒之后的补偿，哪怕就一次，若他能顾及你的感受，不让你成为他愤怒的发泄对象，这才是更为重要的，应该根据这一点赋予其相应的意义。

要以被害者的身份生活到什么时候

最重要的是要让他们认识到自己做错了什么。加害者们尽情地发火后总是用这样的理由来辩解：

"因为家里出了些事，所以才这样的。"

"公司要倒闭了，马上就要被赶出来了，如果是你的话，心情会好吗？所以拜托你对我好一点。"

这种因果关系并不成立。如果听了他们这些话，你千万不要产生"啊，所以他才冲我发火的"这种想法。当然，并不是说要让你也对他发脾气，或是立马结束这段关系。在不得不接受对方的怒火的情况下，你也必须清楚，他的做法是错的，他的愤怒也不是你该接受的。如果你自己总是顺其自然地接受了的话，那么对方只要发生不好的事情，你就无法摆脱成为一个情绪宣泄工具的命运。直到满身疮痍，才会接受现实，最终后悔不已。这才意识到原来自己这段时间一直闭着双眼不愿清醒。还有就是不要给自己的善良定位，在对方随意对待你，把你作为泄愤的工具的这段时间里，你为自己做过什么？换句话说，你到底要一动不动地把自己放在弱者的位置上多久？

正如我一直所强调的那样，你对对方行动做出的反应是你自己的意志。你可以选择沉默，也可以选择反抗。但是如果有人在别处受到了伤害，却过来找你撒气的话，请还是马上站起来吧。

虽然也没有必要非得和他吵架,但也没有理由坐以待毙。我经常遇到一些在关系中受到伤害,却久久不能从阴影中走出来的人。如果说他们有共同点的话,那就是他们在受伤的那段时间里都没有为自己做过任何事情。你可以选择沉默,但沉默是对自己最大的伤害。

深入思考

送走错的人，
留下对的人的几条准则

1.

真正的感情是不会谈及利益的，也不会强求回报。真正的关系是两人以"共同存在的强烈的感情纽带"为基础，分享彼此的心情和想法。情感的真实很重要，维持关系需要付出很多精力，但是每段关系中不是只有痛苦和折磨，快乐应该是更多的。当对方遇到困难或者难过的事情时，我不会感到害怕或是折磨；而是想着要与他一起分担，一起思考，并愿意尽最大的努力解决问题。但如果每次对方出现问题时，我都会非常头疼，感觉是一种负担的话，那么即便对方是自己的家人，这也不是一段真正健康的关系。对方遭遇困难、辛苦或者其他问题的时候，只要细心观察这段关系，审视自己的内心深处的情绪，就可以确认关系的真实性。

2.

关心一个人，重要的是时机。不考虑时机的关怀与照顾都是无用的；不问对方是否愿意就单方面给予的关怀，也是无用的。以自我为中心的善心，只是想要表达自己的欲望而已。真正的关怀并不会给他人带来负担。

在合时宜的基础上，给出对方需要的关怀，才是真正的关怀。关怀并不是要一股脑地把什么都给对方，只要了解到对方的情况，清楚对方的需要就足够了。哪怕没有给出直接的帮助，但只要了解对方真正的需求，他们就可以感受到我们的关心与在乎。如果不知道怎么去关怀他人的话，不要盲目地在所有方面都去花费心思，可以直接问对方："我有什么能帮你的吗？""你需要我做什么吗？"就好了。

如果一个人对待别人都特别体贴，但就对你没有，就好像把你无视了一样，那么这个人就不是真正关怀你的人。真正的关怀是不分对象的。这种情况很有可能是这个人只对有利于自己获得利益的人进行投资。

3.

真正的关系并不一定完美，"喜欢与讨厌"是共存的，允许冲突存在的关系才是正常的关系。没有争论，没有争吵，完全平静的关系是反常的。在一段真正健康的关系中，我们可以说"NO"，不喜欢也可以大胆地说出自己的不喜欢，可以分享彼此内心不同的感觉的，就算用这种很直接的方式进行沟通，也不能动摇我们坚固的关系。这样的关系既是真正的关系，也是平等和公平的关系。

真正的关系中，没有"垂直性报告"，只有彼此分享。"我要展现出多少真实的自己呢？"这种苦恼和负担的来源，并不是出于想要"分享"自己的想法和情况，而是因为这段关系已经变质，像在给上司做"垂直性报告"一样了。

4.
在真正的关系中，我们不会想着该去和对方分享多少自己的东西，什么该分享，什么不该分享。有的只是想要分享的心罢了。我的感情、我的感受、我经历的好事、我经历的困难……只要有着想要分享的欲望，那么就可以立刻去做。但如果对于一件事，你的心里并没有单纯的"分享欲"而是认为有向对方报告和通知的"义务"的话，那么希望你重新审视一下这段关系的真假。

请记住下面的话："我没有义务向你报告，也没有义务要告诉你。我只是分享我想要和你分享的东西。"

第二部分

在对方的愤怒中如何自我保护

第四章 不喜欢就说不喜欢,不是就说不是

人与人之间也有损益表

物质和精神资源的交换

我怎么就成了你的"垃圾桶"了呢?

在人际关系中,总有着"受气包""出气筒"这样的形象存在,即使再辛苦、再难受,他们也一直扮演着这样的角色,你是不是也是如此呢?其实,这类人都是自己选择变成这样的。为什么呢?是因为长久以来一直是这样生活的所以习惯了吗?还是真心喜欢和那种强势、会让你受气的人相处交往呢?如果想要找到答案的话,希望你向自己提出这个问题:我为什么要维持这段关系?

如果想要解开谜题,首先应该看清自己。我把"实现自己的欲望"作为终止与那些习惯发泄愤怒的人继续恶性循环的交往的首要条件。和那些习惯发泄愤怒的人交往,在任何人看来都是扭曲的人际关系,但为什么受害方却无法从这种关系中摆脱出来?原因之一就是,在这段关系中,受气的一方还有所取,自己的欲望还得由对方来满足,所以甘愿忍受着折磨而无法抽身。

前面事例中的明勋就是如此。把明勋当成"出气筒"的组长曾在物质和精神上都帮助过他,并帮他成为正式员工。因此明勋无法单方面从这段关系中抽身。所以我问明勋:"明勋你是不是在心里把组长给你正式职员的位置和忍受组长拿你泄愤这两件事当作'等价交换'了呢?"

明勋没有马上做出回答。但如果是这样的话,那就是在把一切错误都合理化。而且,就算他休假一年也改变不了任何问题。

因为你,我得到了什么,又失去了什么

这种事情不仅仅发生在职场关系中,在私人关系中也会发生。与总是单方面发泄情绪的人在一起是很痛苦的,但还会想要继续维持这段关系,也是有缘由的。

"我的内心早已翻江倒海,但是想到还有很多需要共同参加的聚会,所以没办法啊。"

"除了他,我没有其他朋友。"

"我的爱人除了脾气有点暴躁之外,其他都还好。"

如果细细品味这些话,你会发现,让你无法结束这段不合适的关系的其实是你内心的"欲求"。因为这份关系在某些层面上会给你带来甜头,所以你舍不得放手。

好，那么答案差不多已经明晰了。如果自己的失误或犯下的错误被对方"过度处罚"的话，不要无缘无故地被不安和自责的情绪笼罩，而应该先整理好自己的立场，至少先保护好自己，维护自己的身心健康。所以，当自己淋着倾盆大雨时，至少也应该先为自己撑起雨伞以防着凉感冒。

先拿一张纸和一支笔，然后写下在维持这段关系的时间里获得的利益和损失。如果亏损明显大于获利的话，那就是时候结束这段关系了。计算清楚这笔账，才能鼓起"脱身的勇气"。虽说感情之中不应该如此的计较得失，但如果长期以来都只是你在接受他人的愤怒，那么这种计算还是很有必要的。因为计算损益充其量也只不过是确保自己的"安全"，再没有什么其他意义了，所以不必做无谓自责。

将周末朋友变成平日朋友
降低他影响力的方法

如果将关系的损益算清了的话，那么下一步就是建立自我保护体系了。如果一位朋友让你感到不舒服了，那么就不要只参加他也会出席的聚会，多参加几次其他的聚会。也就是说，即使还停留在现有的这段关系内，也要将其产生的影响力降到最低。如

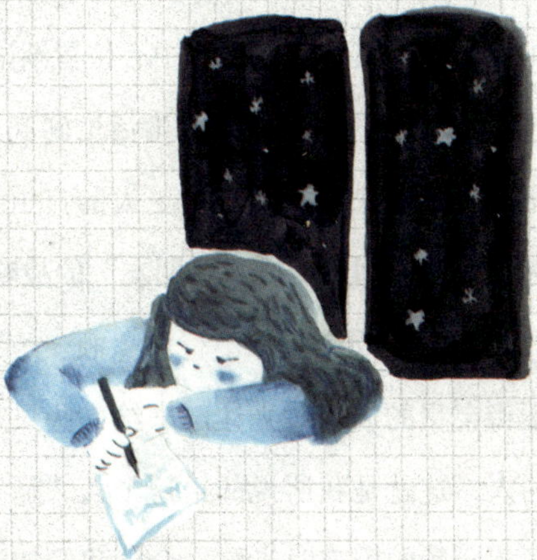

果一时难以完全屏蔽掉身边这个暴躁的人对自己的影响，是不是可以将这个人从你人生的中心位置渐渐边缘化呢？

多去见些朋友或者让生活忙碌起来，就可以从那个人对你的影响中走出来，从而获得更大的自由。因此，我将这种方法称之为"让周末朋友变成平日朋友"的战略。

"这个周末吗？不行诶。额……我们还是周三晚上见吧。"不将宝贵的周末时光让出来给一些只是在平日晚上见一面就可以的人，这就是我所说的给这个人"降级"的战略。为什么我们要把黄金般的周末时光给一个让我们如此费心的人，来和他一起度过呢？把和这个人的关系处理成只是在平日里可以见一面的关系就好了。

不过，为了实现这一目的，周末要真的事先有约才行。因为在周末没有任何约会的情况下却一直和他说要在平日里见面，也并不是件容易的事情。无论是去参加饭局还是登山会，只要周末有固定要去的地方，就能自然而然地将见面时间引向平日。通过这样的方法，将这个人从自己人生的中心位置挪到边缘位置。把周末改成平日，从此让他远离自己人生的核心地带，这样才能更好地保护自己。

这种方法尤其适用于那些不喜欢与他人产生矛盾，并且缺乏反抗意识和争吵勇气的人。在诊疗室里，我看着那些因无法保护自己而感到痛苦的咨询者，感悟到很多，其中之一就是，人可以根据自身拥有资源的数量和质量来决定他人对自己生活的损害程度。

"我根本没有一点想吵架的念头。"

"我不想硬着头皮说大话。实在没办法配合下去的话，我可以逃避啊。"

对于这样的人来说，无须正面站出来争吵，只要像平常一样，将精力集中在新的聚会或是个人的兴趣活动上，即使那个人不在，自己的生活也能正常运转，这样就可以保护好自己了。如此一来，原本为躲避雷雨而建立起来的城堡便会在不知不觉中变得更加坚固，就连暴风雨也能抵御。自己的基石越牢固，"他的愤怒"对我们生活的破坏自然就越小。

没有人生来就是为了付出,母亲也是

对于受伤害反应迟钝的人

我想得到和自己的付出同等的回报

"人际关系中最重要的东西?这个嘛,难道不是平等吗?"

有的人说,一段关系中最重要的就是平等。他们给予对方关怀并不是出于单纯的对对方的关心与在意,而是会对对方的反馈有所期待。他们在付出关怀的同时,也想得到相应的好处。因此,每当与人交流的时候,他们心中就会开始不断地衡量。

"你是说每个瞬间都在权衡利弊吗?这样活得也太累了吧?"

也许有人会这样说,但实际情况并非如此。对有些人来说,这可能是一件既麻烦又头疼的事,但对于有些人来说,却再自然不过了。你可能会觉得:"太刻薄了吧。关系怎么可能会是 50∶50 呢?"

一般朋友之间吃饭,对于那些不会斤斤计较的人,会觉得今天我请客,下次你来请客,都是很随意的事,也不会计较谁请客的次数多,谁请客的价钱高。

但是,如果是那些连指甲盖大小的亏都不愿意吃的人,当他们付出得多了一点,或者没能得到和自己的付出同等程度的回报的话,便会很上火。因为他们很厌烦这种情况,所以每次都会在心里衡量。让他们最舒心的办法,就是尽快计算和整理自己给对方以及从对方那里得到的东西的价值。

那么,这样的人最适合和什么样的人交往呢?俗话说,"物以类聚,人以群分",有同样想法的人看似很合得来,但出乎意料的是,有的时候类型完全相反的人反而能更好地相处。于是,对受伤害反应迟钝的人便和那些一点亏也不愿吃的人成对出现了。正在和每天见面的朋友冷战中的世京的情况就是如此。

最终还是付出多的一方先爆发

"刚开始我觉得因为大家都是朋友,所以多付点钱也没什么大不了。但是这样过了两年左右,对方都已经把我多付钱当成理所当然的事了。明明她自己也赚钱了啊,还比我先买了车。不过她也是因为自己做点小生意,车是必需品,所以这也没什么关系。问题是她不仅仅在钱的问题上表现得很自私。我住在盆唐，朋友住在江南，但她每次都把约会地点定在自己家或者自己公司附近。乘坐地铁新盆唐线也就20分钟的时间，但是她却不愿意。要不然就说让我去接她，我又不是快车司机。真无语。"

世京的故事和我在诊疗室内外听到的近一半的故事都差不多。可以看出，这样的情况在人际交往的过程中时有发生。

有一点需要注意的是，与世京朋友那种习惯索取的人相比，世京这种先爆发的一方，实际上对自己的损失并不敏感。那么，如此不同的两个人是如何成为朋友的呢？

"听了你讲的事情，你和朋友两个人之间在金钱和约会场所等比较敏感的话题上产生了冲突。长久以来好像都是你在单方面的付出，所以我很好奇，都已经是这种状态了，你还要继续维持这段关系的理由是什么呢？世京你在和朋友的这段关系中应该也有得到些什么东西吧？"

"呃，可能是我们两个比较玩得来吧？除此之外，我也想不到其他原因了。"

"那么在一起的时候，应该有很多欢乐和有趣的事吧。一段关系中能够相互往来的，其实不仅仅只有物质性的东西。虽然世京你在物质资源上付出了更多，但是你是否同样也从朋友那得到了很多心理上的资源呢？"

不知道站在世京的角度，我的话是否听起来过于直白。但是人类本来就是自私的。在显而易见的损失背后，自己一定也得到了"回报"。如果不是这样的话，那么世京这两年的时间里不是和做福利义务活动没有差别吗。如果一开始就怀着甘于奉献的心态，那么就不会有期待或是失望，更不会有受伤的感觉。这种关系能够维持的原因一定是因为和那位朋友的见面会让世京感到开心，而且对方也填补了某些世京缺失的东西，所以就算需要支付一些维持关系的代价也没关系，于是一步步走到了现在。

一直付出的我，或许也是一直在索取吧

之前我们提到了"心理资源"，其中具有代表性的就是自己的付出得到回报后带来的满足感。世京看着疯狂地转动脑筋的朋友，一方面觉得郁闷，一方面又拉不下脸面，所以只能表现得很无所谓，把朋友看成"需要被照顾的对象"，认为对方只是忠于自己的本能和自我保护而已。

因此世京在不知不觉中陷入了困境，她无视那些不甘吃亏的朋友，以此给自己些许安慰。也许，连指甲盖大小的亏都不愿意

吃的那种人，并不是每个瞬间都会在心里算计的。而那些从一开始就对损失反应迟钝的一方，为了抑制自己因为受到伤害而难过的心情，就在不知不觉中隐藏了真实的内心。于是，久而久之，当自己屡次被伤害的时候，都无法做出断绝关系这样的决定，因为他们很快就会释怀，或者只是把心里的委屈向朋友诉说一下，这件事就过去了。

既然一直都在容忍，那为什么在某个瞬间突然开始忠于本心了呢？或许会有很多理由，但是最直接的原因就是出现了不得不爆发的情况。情绪积压再积压，直到把有限的情绪容量堆积到满溢出来，这时候才呐喊，爆发。

"我真的不想再因为他而吃亏了！"

"我都做到这种程度了，很可以了吧。"

这才是人的本心。是人负面情绪满到溢出来时才肯承认的本心。只是在爆发的时候需要一个让自己可以随心所欲泄愤的理由罢了。因为对方总在不断索取，而这一切已经超出了自己的忍耐极限，所以拿出了"遵从真心的勇气"。

也许你也需要一个交代

"调节情绪"的真正意义

只有当场爆发才感到满足的人

有些人只要一生气就会爆发情绪。无论何时何地，完全不在乎周围的人和事，先发火再说。

"你都不考虑其他人的感受吗？在那个场合发这么大火你要怎么收场？"

"我都气得冒烟了，哪还有空去考虑其他人？"

在这种情况下，受伤的只会是家人、朋友或是同事。

当然如果你这么去劝他们，有些人或许会听取意见，但是相当多的一部分人还是会反驳："我本来就是这种性格，你让我怎么办？"

说出这种话的意思是，因为发火是自己的本性，所以本人也毫无办法。其实这句话是省略了"我生来如此，所以你忍着就好了"这后半句话。直性子，本来就是天生的性格和脾气，没办法。但这种话总是会让人心生疑问，事实真的是这样吗？

虽然前面提过，自己受到的伤害应该完全由身边的人来承担，但是事实上，如果远观一下的话，并不一定是这样的。无头无尾地发火，结果就是将锋利的矛头最终指向自己。在公司内部的声誉越来越差，朋友纷纷离开，连家庭关系都大不如从前。"又能怪谁呢？都是自作自受。"一位前来咨询的咨询者说道。

"如果一直将愤怒憋在心里的话，感觉自己会难受得要死掉。但如果像平时一样当场就发火的话，关系又会破裂。到底怎么做才最好呢？"

"请完全接受你内心的怒火。"

"啊？你是说让我接受心中的怒火？这是什么意思？是让我忍着的意思吗？还是说要我倾吐出来呢？"

两个都不是。每当我给出这样的建议的时候，大部分人都是类似的反应。事实上，当听到让自己"完全接受心中的怒火"这样的话时，大部分人其实无法区分出是要自己把火发出来直到解气为止，还是要自己强压住这股怒火。这就是问题的核心。因此，很多人会对愤怒闭口不谈，甚至否定自己生气了。竭尽全力剪掉怒火的萌芽，去踩踏它，想让它彻底消失，如果做不到的话便会去逃避。

对于"调节情绪"这句话的误解

通常一提到沟通,浮现在大家脑海里的都会是美好的画面以及完美的结果。通过对话获得彼此想要的东西是沟通的一般目的,但是这往往过于强调了沟通积极的一面。在现实生活中,很难能够进行"你也开心,对我也开心"的对话。我倒认为应该在"沟通讲座"中着重去告诉大家该如何吵架,如何和解,以及聪明地输给对方的方法。愤怒也是沟通方式的一种,有时应该让人把搁置在暗处的"愤怒"情感带到阳光下。

压抑怒火的能力是我们应该尊重并培养的人类本能。在接受治疗的时候,真正能感受到自己的愤怒的人也会比没感觉的人治疗进展得更快。愤怒是一种需要去接受和感受的情感,而不是一种要被压制或是驱逐逃避的情感,我们必须从这个认知开始。

如果承认自己生气了,并做好了接受怒火的准备,那么就应该找出生气的理由,学会如何适当地表达愤怒。然而所谓"善于发火,善于表现"又是什么意思呢?

令人感到惊讶的是,控制怒火的能力来自对自身的考虑以及对自身的信任。对于表达愤怒这件事,越是不熟练的人越容易让自己受伤。你需要打败的对象不是愤怒本身,而是具有破坏性地发泄和压抑愤怒这件事。说起来容易,但做起来却很难。因此,我仔细地想了想其中的原因,大概是"调节情绪"这个概念很难理解吧。这个词已经不知道让多少人变得迷茫而不知所措了。

举个例子来说，如果对一个一直压抑着自己的人说要求他调整情绪的话，那么他就会理解成是让他去"不顾后果地发泄"；相反，如果让不分场合乱发脾气的人控制情绪的话，他就会理解为"即使想发火也要忍着"。正可谓是"嘴有两张皮，咋说咋有理"。

总的来说，不管是喜悦还是愤怒，情感都不是可以调节的，这需要纠正一下大家的误解。我们需要调节的不是情感本身，而是对于情感的表达（Expression of Emotion）。也就是说你要理解表达情绪的方法。虽然之前我一直反复在说，但是还是要再强调一次：情感需要去接受，也需要去感受；而且人需要伴随着情感来做决定，并对做出的那些决定负责。

想要守护关系就要三思而后行

愤怒有积极的愤怒和消极的愤怒之分。两者的差异不在于愤怒这种情感本身，而在于发火的"目的"。如果人表达愤怒是为了建立关系的话，那么它就是"积极的愤怒"；但如果是为了满足自己的欲求，那么它便是"消极的愤怒"。

当你意识到自己只在乎自己的欲求时，就应该努力学会"慢

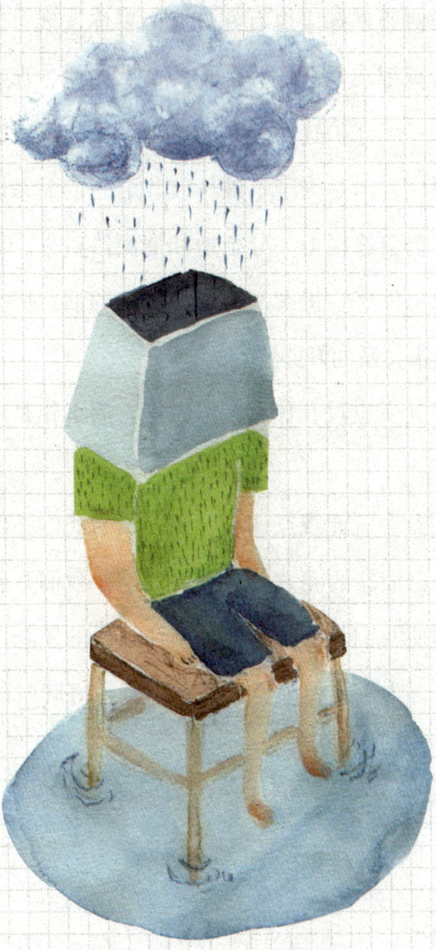

性愤怒（Slow to Anger）"，即努力让自己晚一些或是慢一些发泄怒火。就像"慢慢进食（Slow food）"对身体健康有益一样，慢性愤怒同样对心理健康也有好处。如果你发现自己这段时间在人际关系中一直都在发泄那些焦灼的情感的话，那么请你暂时收住愤怒，思考一下守护这段关系的理由。虽然早就察觉到了自己发泄愤怒的原因，但是为了不破坏彼此之间的关系以及想要守护的某些东西，仍会选择留一分余地和情面给对方。如果你在生活中总是从不隐忍愤怒，每次都要发泄出来的话，那么做好善后工作就是维护健康关系的好办法。

"这样其实也没有什么，但做好善后工作是对对方的礼貌、尊重与体谅。"

我们大致会就此观点达成共识。因为我们不但希望能够拥有立刻消除自己愤怒的能力，更重要的是，我们有着自己想守护的人，因此即使我们无法很好地控制住自己的愤怒，我们也不想失去重要的人。为了能够平息愤怒，把真正好脾气的人留在身边，或许才是最强有力的方法。

无法感知愤怒也是一种病

也许你也有情绪阅读障碍

...

我没关系啊，但奇怪的是身体不舒服

精神分析术语中有个词叫作"虚假自我（False Self）"。"虚假自我"是"真实自我（True Self）"的反义词，意思是，不是本来的"我"，而是迎合他人而成的"我"。小孩子会为了得到想要的东西而哭闹或者耍赖，如果父母总是不接受孩子的要求的话，孩子就会开始"节制"，久而久之便不再表达自己的诉求。若是将这种现象深化，当孩子长大成人时，就无法去很好地实现自己的欲望。比起过自己真正想要的生活，他们反而会更容易活在依附、顺从于别人的状态中。这个时候出现的症状之一就是无法准确地感知自己的情绪。

但是，一般人都不会发现自己存在这样的问题，直到身体出现异常，才后知后觉。其实可以向外发泄的不仅仅有愤怒。愤怒也有好坏之分，恶性的愤怒就像郁火一样，并不是一种情感形态，而是会通过身体的异常状况表现出来,然后身体就会慢慢被侵蚀。

"是啊,我真的弄不清自己的感情。"像这样吐槽自己有情绪阅读障碍的上班族越来越多。

之前我经常会听到来咨询的人们说,"最近压力太大"这样的话。然而最近却常常听到的是:"心里倒没什么,就是偏头痛比较严重。"或是"很奇怪,每次见完那个人心里就不是滋味。"类似的心理咨询越来越多,越来越多的人开始出现这种状态,心里感觉没什么事,但是身体却感到异常的不舒服。

当情感的宣泄口被堵住时,身体会承受情感的重量。这种情况与单纯地容忍愤怒还有所不同。容忍只是在抑制情感的表达而已,至少还能感知到自己已经生气了。

喜欢还是讨厌?舒服还是不舒服?

如果经历了令人不悦或令人想发火的事情,不能够装作若无其事,应该理性地去对待自己的情感。情感本来就是用来"感受"的,但是如果感受不到的话,就有必要动用理性的一面去寻找。虽然听着很深奥,但是方法很简单,就是自己去向自己提问。

"在现在的关系里,你是舒服还是不舒服?"

谁都无法很精准地"窥视"自己的情感,其实不用那么复杂,只要简单地问自己一句"喜欢还是讨厌？"就足够了。另外大家都知道，身心是相通的，在身体出现异常的时候，应该看看自己的"情感纽带"，反问自己一句："身体已经疼痛到无法承受了，什么时候你才能看清自己的内心呢？"

"你一定经历过让你觉得难受的事。"

我会和患者这样沟通，这样才能勾起他们的回忆。

"啊啊，倒确实是有些事情……唉，但是这两者有什么联系吗？也不是什么大不了的事。"

如果你再认真回忆一番，就会从当时那些琐碎的事情里发现线索。

"确实是这样呢。那些记忆好像被我擦得一干二净了。我都不知道自己是生气了。"

或许在这个瞬间，我们才真正看清了自己的情感，然后再去寻找与之相应的解决方法，如此一来，身体上的不适和苦痛也会被逐渐消除。

表露隐藏着的"情感练习"

为了能够觉察到自己长期以来一直略显迟钝的情感，做情感练习是很必要的。情感练习并不是件多特别的事。简单而言就是对自己说:"你还好吗?"然后在"好(Good)、一般(Not bad)、不好(Bad)"中做出一个选择即可。虽然看起来有些幼稚,但是,对于那些和自己的情感长时间隔绝的人来说,连"好吗?"这样的问题在他们听来都是难以回答的。

通常,相对于好的情感,人们对于负面情感的体会更为显著。所以,我们起初就用"非常讨厌"和"完全不讨厌"来进行区分,然后把自己很不喜欢的写下来。这样就可以具体地表达出自己的感情,并慢慢地解读感情,我把它叫作"今日情感日记"。下面我们用一眼就能看懂的表格表现出来。

今日情感日记

Good（好）	Not bad（一般）	Bad（不好）
感觉非常好的事：	感觉一般的事：	非常讨厌的事：
等级1：	等级1：	等级1：
等级2：	等级2：	等级2：
等级3：	等级3：	等级3：
等级4：	等级4：	等级4：
等级5：	等级5：	等级5：

例1

今日情感日记

Good（好）

非常好的事：公司活动按照计划进行并圆满结束。

等级1：听到了上司称赞我们比别的部门做得更好。

等级2：得到了同事们的反馈，说："这次活动真的太棒了。"

等级3：在这次活动进行的过程中感受到了很多有价值的东西。

等级4：由于是公司的大型活动，我很有心理负担，但现在解放了，感觉很轻松。

例2

今日情感日记

Bad（不好）

非常讨厌的事：有一个朋友玩弄了别人，但我因为不想挨他的骂，不得已附和了他。

等级1：我没有甩开他挽着我的手。

等级2：我讨厌他欺负别人的样子。

等级3：讨厌明明不喜欢，却还附和着他的自己。

等级4：不知道要迎合他到何时，这个状况让我非常郁闷。

像例2一样，试着描述一下今天"不好（Bad）"的心情吧。在这里，值得强调的是，要将引起不良情绪的因素的等级进行1、2、3、4这样具体的划分，然后自己观察。只有知道自己到底喜欢什么，讨厌什么，才能相对容易地解决问题。

为什么我周围都是些无礼的人呢？

有个熟人向我抱怨说自己特别讨厌无礼的人。据他说，自己身边几乎没有"懂礼貌又知道尊重人"的人。他嘴上说着"那些人大概是和我无缘吧"，但绝望之余，他也觉得这件事很不可思议，然后继续向我询问。

"为什么我周围都是些无礼的人呢？"

这位熟人对这一奇怪现象心存疑问的同时，也发现了一个重要的事实。虽然自己嘴上说着讨厌别人无礼的态度，但是一直以来，自己对于这种无礼态度的反应又十分地"平淡"。批判他人无礼的同时，又对亲近自己的人表现出的无礼态度十分宽容和大度。其实他并不是明明知道别人的无礼还在刻意忍耐，真正的原因是他"感觉不到自己不快的情绪"。

意识到这一事实的他，开始努力让自己对这些不快感变得更加敏感。哪怕是一闪而过的不舒服的感觉也不放过，于是他开始问自己"这个是不是让我感到不舒服?"虽然仍有很多被他忽视的情感,但是与从前相比,他已经开始学会让自己有意地去感受每一个不舒服的瞬间。

即便是再小的不适感也不要无视。也许你会想问:"这么敏感,还怎么生活啊?"但是只在一两件事情上变得敏感的话,并不会使人生有什么变化。而且,这种敏感是因为存在才能感受到的。重新回想一下吧,自身的情感也很宝贵,没有什么情感是微不足道的。只有珍惜这一过程,才能实现"假我到真我"的自我转换。

情感法则

1. 情感不会因为时间的流逝而消失,反而是积少成多的,会像滚雪球一样越滚越大。因此,不快感、不适感等负面情绪会团成一个叫作"愤怒"的大雪球。
2. 如果情感被无意识地掩盖的话,它自身是不会轻易表露出来的。
3. 无意识被掩盖的情感往往会与有意识的情感结合起来,像地瓜茎一样延伸向地表。
4. 无意识中积累起来的情感的规模比我们有意识的情感的规模更大。
5. 过去童年所经历的情感与现在作为成人所经历的

情感在日常生活中很容易被混淆。明明是可以当场处理好的情感，但是却莫名其妙地被当下的愤怒所笼罩，这种情况比比皆是。举个例子来说，当有人无礼地对待我的时候，我大概会迸发出1000倍愤怒的火花，这可能是和儿时的情感经历有关。但就成年人而言，实际上或许只有2倍，往多了算也可能只有10倍那么多的愤怒感。也就是说，事实上这些不快感和不适感是可以充分地被处理的。

6.即使是同样的人，小时候的经历所反映出来的情绪和长大后的经历所反映出来的情绪也是完全不同的。在我们没有情绪控制能力的时候遇见的人和在我们有情绪控制能力的时候遇见的人也应该把我们算作是"两个不同的人"。

谁也不能怪我是个俗人

心理分析中结婚的必要条件

生活在尘世里,为什么要拒绝做俗人呢?

"考大学有那么重要吗?真是俗人一个。"

"熟人让我去他的公司帮忙我没答应,而是去了年薪高的大企业,他就骂我庸俗。"

庸俗,人们对这个词汇的理解可谓是众说纷纭。所以我对这个词进行了一些研究。最开始出现"庸俗"一词的地方是英国。

从文学评论家高奉俊的论文《庸人的谱系学》中看到,牛津大学和剑桥大学在入学考试时为了区分贵族和平民,在普通学生的名字旁边标注了"sine nobilitate"。也就是在这里,出现了庸俗这个词。这样看来,庸人从出生开始就带着阶级和差别。从身边的人对庸俗这个词的使用情况来看,它所包含的社会意义也非常明确。

庸俗对人与人之间的关系有着深远的影响。尤其是在结婚这件事上，很多地方都体现着"庸俗"。

妍熙原本是不婚主义者，但当她好不容易鼓起勇气准备结婚，最后还是分手了。因为交往3年的男朋友威胁她说："不结婚，就分手。"所以妍熙决定结婚。因为妍熙觉得如果是和他这样的男人结婚的话，也是可以接受的。于是开始着手准备了双方父母的见面和礼堂的预约。但是谁也没想到在准备过程中却发生了不和谐的事情，并且最终导致取消了婚约。也许是因为已经整理好了心情，妍熙讲起之前的事时显得十分平静。

"虽然交往了3年，但是最近这3个月我对他的了解好像比这3年以来都多。"

"您指的是一些比较现实的问题吗？"

"是的。婆婆说想要一个当老师的儿媳妇，那我还有什么可说的？其实我也没有任何一丝留恋了。"

"可是你们都走到结婚这一步了啊。"

"难过肯定是很难过的，我也都跟身边的人说了要结婚，但是男朋友对关于他们家的事也对我撒了太多谎。就像我不是老师这一点没能满足他们家的条件一样，男朋友家的条件对我家而言也没能达到受欢迎的程度，只是他自我感觉良好而已。比起被骗婚还是分手的好。"

"于是你们双双都选择了分开啊。"

"是的。"

只有该结婚的感情，没有该结婚的年龄

妍熙说，因为不是只有自己想分手，而是双方的意愿，经过了相互协商，所以可以很快地"收拾好残局"。"新郎新娘到了礼堂才能真正认识彼此"，这似乎已经成了事实。

结婚不能只靠对对方的爱和信任，现在这个时代，只有相互满足了对方的欲望，才能建立起一段良好的婚姻关系。结婚不是年龄到了就该做的事，而是要遵从自己的内心，想要结婚的时候再结婚。所谓"适婚年龄"这个概念已经变了，原先它是指以物理年龄为基准，而现在则代表当遇见能让自己想结婚的对象的时候，才是结婚最正确的时机。

父母的立场也是如此。希望子女能过得更舒服、更安乐的父母会非常在意儿媳妇的职业和女婿的家庭。也就是说，在结婚过程中，彼此"庸俗"的本性得到了一定程度的认可。

《庸人的谱系学》中有一个有趣的故事。据说，19世纪以前，庸俗不指贵族而代表平民，但后来意思改变了，即"如果没有高的地位，就会感到不快"，颇有趣味。在妍熙的故事中，男方家长希望儿媳是学校老师，女方希望婆家是有钱人家。这种贪念在他们两方的心中并未消失，妍熙很硬气地选择了退婚，这是因为她已经确认了对方拥有的资源对自己不太有利的事实。

在面对婚姻时，人们总是希望对方有着特别的身份，这里的

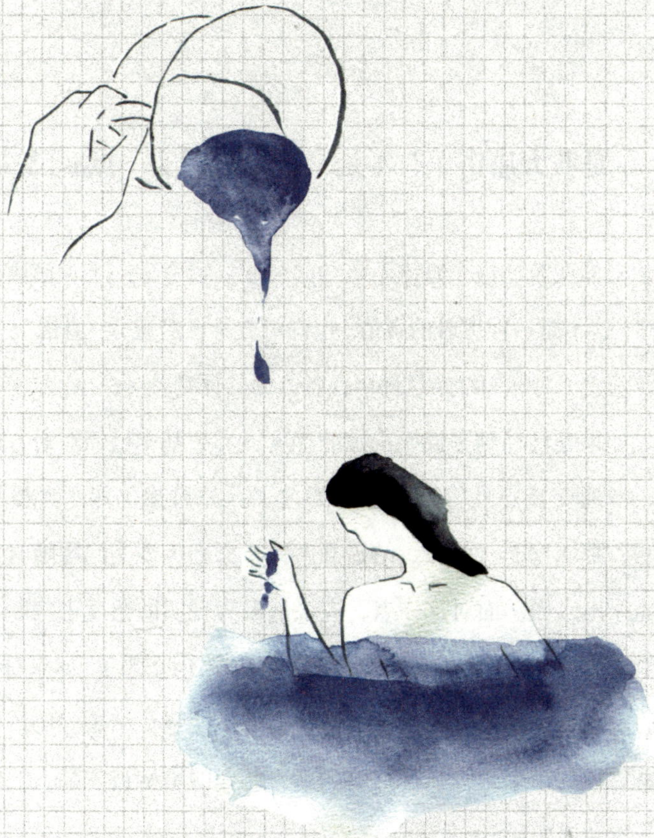

"特别"是指希望对方的身份"对未来的我也有帮助"——不是单纯地看重对方的身份，而更在意对方的身份对自己是否有正面影响力。

是我太庸俗了？不是，我只是现实一点而已

当你在苦恼这个婚该不该结的时候，请考虑一下自己庸俗的本性，这不是一件可耻的事情。也许对方早已经充分"庸俗"过了，已经完成了对你们结婚这件事在各方面的评判。

如果是已经到了谈婚论嫁的程度，那么基本已经对对方的性格、沟通交流、性等方面都判断过了。如果你仍然头疼要不要悔婚，那么房子、嫁妆、结婚酒席钱、家庭等现实问题随时都有可能浮出水面。面对这一点，应该从极为现实的角度来判断，如果抱着"我太俗了"的想法自责，是解决不了问题的。如果对"世俗的"结婚条件没有提前沟通好，那就不能强行结婚。比俗气的结婚更坏的结果是被强行结婚。不要让你的婚姻被"某人的劣根性"所动摇而崩溃。

"告诉我一个你真的忽略不了的庸俗的要求。"我的大学前辈在相亲时一定会提这个问题。关于外貌、家境、车、工作、学历等问题，真的是在婚姻市场中无法避免的庸俗，是很具有意义

的问题。但我们时常会觉得自己不够诚实——要是男人能赚很多钱就好了，要是她漂亮就好了，这种话我们轻易不会说出口，是因为担心说出来后被人认为自己是庸俗之人。

被介绍恋爱对象的时候也会犹豫，结婚会怎么样？当然会尽全力不被对方或对方家族视为庸俗的人。但如果产生了让人不得不重新考虑是否结婚的想法时，不用去回避，问问自己："我为什么会犹豫？"要明确这个问题的答案，那样才不会被牵着鼻子走。

结婚是需要"俗"一点的

那么最终决定结婚的瞬间应该是怎样的呢？人不应该是因为产生了"父母让我结""到现在这一步也不能反悔了"这些类似的心理而想要结婚，而是发自内心想要结婚，想着"如果能和他／她结婚就好了"才对。由此，我们来问一下自己：

"关于结婚，我绝对不能不考虑的因素到底是什么？"

如果很幸运，对方刚好能满足自己不能放弃的首要条件，那么即使其他条件不符合自己的期待，我们也可以稍微妥协一下。"反正我也不是对方所希望的完美配偶，所以就妥协一下吧。"妥协不单是与他人妥协，也要和拥有不同的欲望，不同心理的自己妥协。

另外，即使在决定结婚之后，如果发现对方的某个方面与自己的期待有所不同，那么也需要一段时间来思考是否能接受这种落差。由于准备结婚这件事是很不容易的，所以就算提出自己需要几天的时间考虑，周围的人也都是会理解的。

比尔·盖茨为了集中精神思考创意，每年会举办一两次"不受他人干扰的思考周（Think Week）"。这样的时间不仅仅是比尔·盖茨需要的，我们也需要这样能独立思考的时间和机会。我们也需要在做出重要决策的时候，能不受他人干扰，完全集中于自己的想法，哪怕只有一天也好。只有经过充分思考，并完全接受眼前的条件时，才可以很坚定地说："我选择的婚姻就是我要负责的婚姻。"就算未来遇到了不幸，那也是我们自己的选择，我们要承担相应的后果。但如果是被迫做出选择的话，后果就很难挽回。不幸也是一种选择，能否承担这份不幸，要取决于这是不是自己本人的决定。

就算假装过得好也能松口气

从别人的眼光中获得自由

…

尚恩为什么从来不在社交网站（SNS）上发自己的照片？

想要引人注目、想要展现自我是人类的本能。因此，大部分人都有一定的自我表现欲（exhibitionism）。但是也有人对这种行为很排斥。虽然喜欢拍照，但是在社交网站上传的照片永远设为"仅对自己可见"的尚恩就是这样的情况。

"仅对自己可见的话为什么要上传到脸书(facebook)上呢？"

"啊，我只是拿它当相册用。"

"就算只有几张也行啊，可以分享给朋友们看看。我看还有人在脸书上炫耀父母的车呢，为什么尚恩都藏起来不想给别人看呢？"

"我好像做不来。假装混得好也可能被骂……"

"发得简单一些就可以了啊。总发的话可能会招人烦,但偶尔发一次也是不错的吧?而且别人看到你好看的照片的话,可能还会感到治愈呢!"

"是吗?嗯,那我试试。"

尚恩虽然也渴望着拥有他人的感情和关心,但是他很难表现出来。这种想法是很正常的,但如果一直压抑下去,不知何时或许会因为什么受到伤害。他需要有意识地练习如何一点一点地展现自己。

如果像尚恩这样害怕陌生人的眼光,那么在发文展现自己生活的时候,只要不表现出自大和虚荣,简单地配一些文案,能让看到的人产生代入感和参与感就可以了。比如,可以在社交网络上传照片并配文"风景实在是太好了,下次一定要和朋友们一起去",也许朋友们会毫不犹豫地评论一句"下次我们一起去吧"。

再举另一个例子。如果想把和商业伙伴一起去高级餐厅的照片上传到社交网络上,那么就配上餐厅信息和"下次一起去吧。挺想和你再来一次的"这样简单的文字就行了。重要的是不要透露出一种"我去过这种高级地方,你还没去过吧"的感觉,就很少会招来他人的非议了。

"去了好地方,就立马想到了你。"这句话是值得肯定的。既不会伤害对方,还可能会让别人偷偷羡慕你。这就是巧立名目——会"装"的一个小秘诀。

为什么只严以待己？

我让尚恩上传一些照片是有理由的。像尚恩这样的人会觉得别人的眼光就是一种指责，一种非难。这样的人并不是完全无法忍受他人的评价，而是因为他们对自己的要求很严格。

如果尚恩可以很随意地去看待在社交网络上炫耀生活的朋友们，那么他也会毫不犹豫地将自己的照片公之于众。

但是尚恩内心认为朋友们的行为是一种自以为是的不合理行为，所以在潜意识里认为自己不能那么做。这是"超我"很强的人的特征。"超我"特征很强就意味着自身会被道德感支配。但若是过分在意秩序或伦理，生活就会像没有水分的木材一样枯燥。

所以，抓住自己内心类似于"我也想突出一点""我也想得到认可"的想法吧。活得虚张声势一点，也是为自己的健康着想。苛求自己，只对他人宽容，也是一件很痛苦的事情。

享受吧，不要总活在他人的视线里

但是尚恩在听了我的建议鼓起勇气在社交网络上传了自己的

照片后的第二天,他顶着肿得鼓鼓的眼睛来找我。一问才知道,原来是朋友评论他:"许久不见怎么变成这样了?一点也不像你啊,为什么要上传这样的东西?"

我建议尚恩和朋友断绝网上关系,保持线下关系。像是这种蓄谋已久想要在回帖里留下否定反馈的人,很有可能是见不得你好的人。没有必要因为这样的人而克制自己的欲望,去看他们的眼色。

你平时也过分在意他人的眼光吗?那就做个小测试吧,测算一下自己的视线停留在他人身上的时间。估计看不了几秒钟,你就会被其他东西吸引过去了。然而能够长时间观察他人的情况也是有的,那就是在喜欢的人面前,倾听对方说话的时候,或者因为讨厌而表现出憎恶等强烈的感情的时候。这也是为什么不熟的人盯着我们时我们会感到不舒服的原因。

一般而言,别人对你的注意不会持续太久,难道我们只是因为被他人不到几秒钟的视线所束缚,便能体会到了被强迫的不适感?"如果我上传这样的文章和照片的话,肯定会受到指责的。""如果我在聊天群里发这样的信息,别人看了不会觉得是笑话吗?"像这样预测他人的反应而进行行动的情况,同样也是被困在他人视线中的一种情况。

所以,不要在他人的"视线监狱"里战战兢兢地生活。把我们关在"监狱"里的不是别人,正是我们自己。

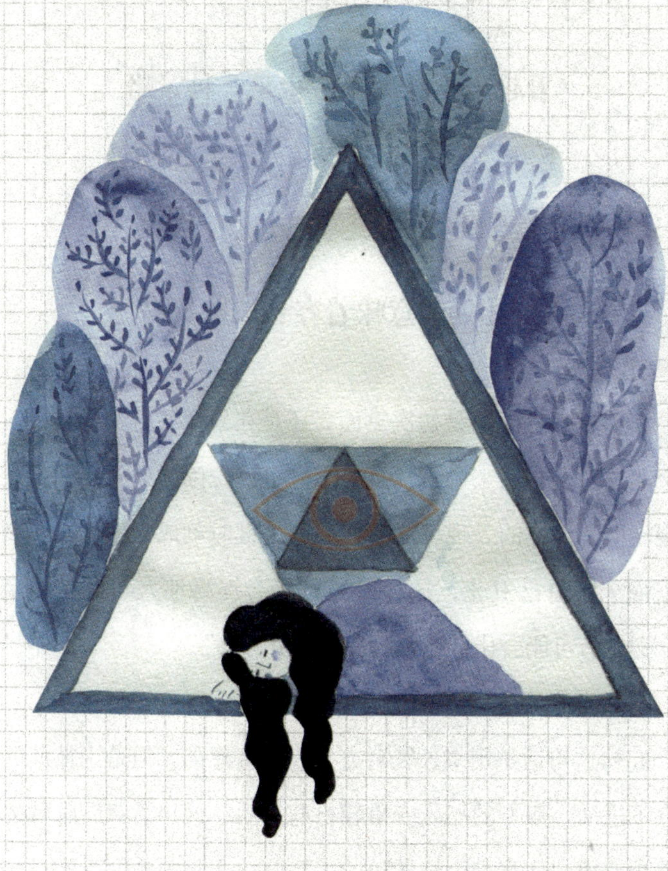

本来是想搞笑，结果真成了笑话

看起来不好接触，也是一种策略

人好相处就意味着容易被欺负吗?

孝善是那种无论是初次见面，还是在聚会气氛变得凝重时，都会通过丑化自己来调节气氛的人。也许正因为如此，孝善很受欢迎。但是这样的表现可能会在某些关键时刻成为一把双刃剑。放下面子将自己丑化，这种做法虽然会提高他人与自己的亲密感，但也有可能会让自己变成"好欺负的人"。

"你真的是一个很好相处的人。"

起初这句话是用来称赞对方，表示好感的。但是当彼此的关系有了进展，双方的相处变得轻松起来后，这句话背后隐藏的意思就会变成"你真是个好欺负的人"。在人际关系中受到过伤害的人，就会知道所谓的"善良"并不是称赞。

"讨厌的人"和"发年糕的人[①]"是一伙的

让我们假设有三个人：讨厌的人、善良的人、"发年糕的人"。讨厌的人会以优先满足自己的欲望，用各种方式从"发年糕的人"那里要来"年糕"，而善良的人则会因为体恤别人而先妥协。面对这样不同的两个人的态度，"发年糕的那个人"一定会先将"年糕"发给讨厌的人。所以实际上看来，讨厌的人和"发年糕的人"其实是站在同一阵营的。讨厌的人吃到了"年糕"，满足了自己的欲望，而"发年糕的人"先给了缠着要"年糕"的"讨厌的人"，做出了耗能相对较低的选择（尽快结束这件事，以免继续被缠着索要"年糕"），所以他也满足了自己的欲望。然而，善良的人却只能屈从于别人的选择，他渴望得到"年糕"的欲望并没有得到满足。

但也没必要因为这个把本来善良的自己变得自私。

懂得照顾和忍耐他人，这样的人是很了不起的，为何要破坏这种善良呢？若你是这样的人，希望你不要因为遭遇了挫折就收起这种花钱也买不到的善良。为了继续守护一段关系，我想劝大家要能够运用智慧，因时因地制宜行事。这就是所谓的"TOP解决方案"。

[①] 职场／社会中的"利益分配者"。

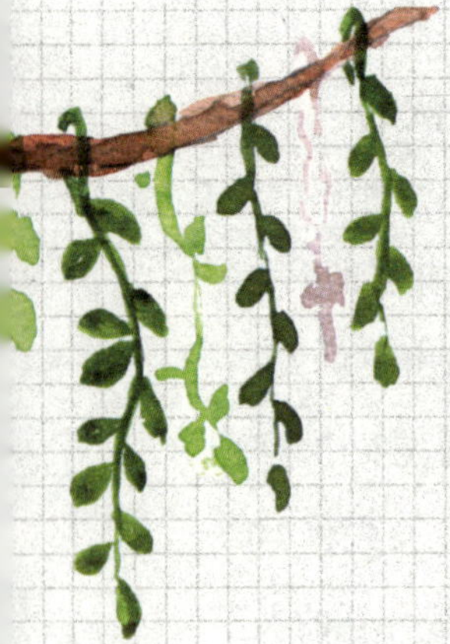

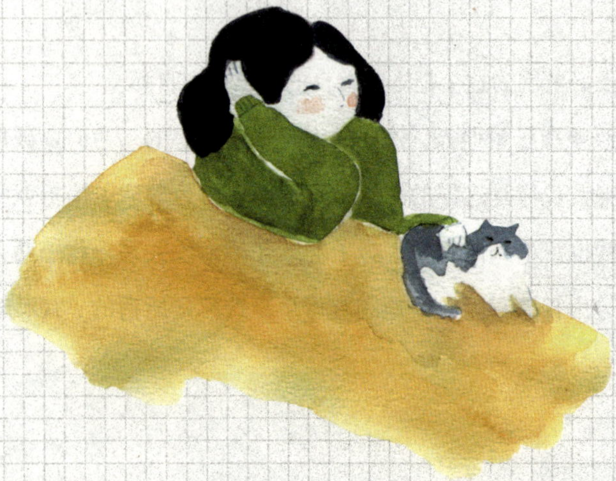

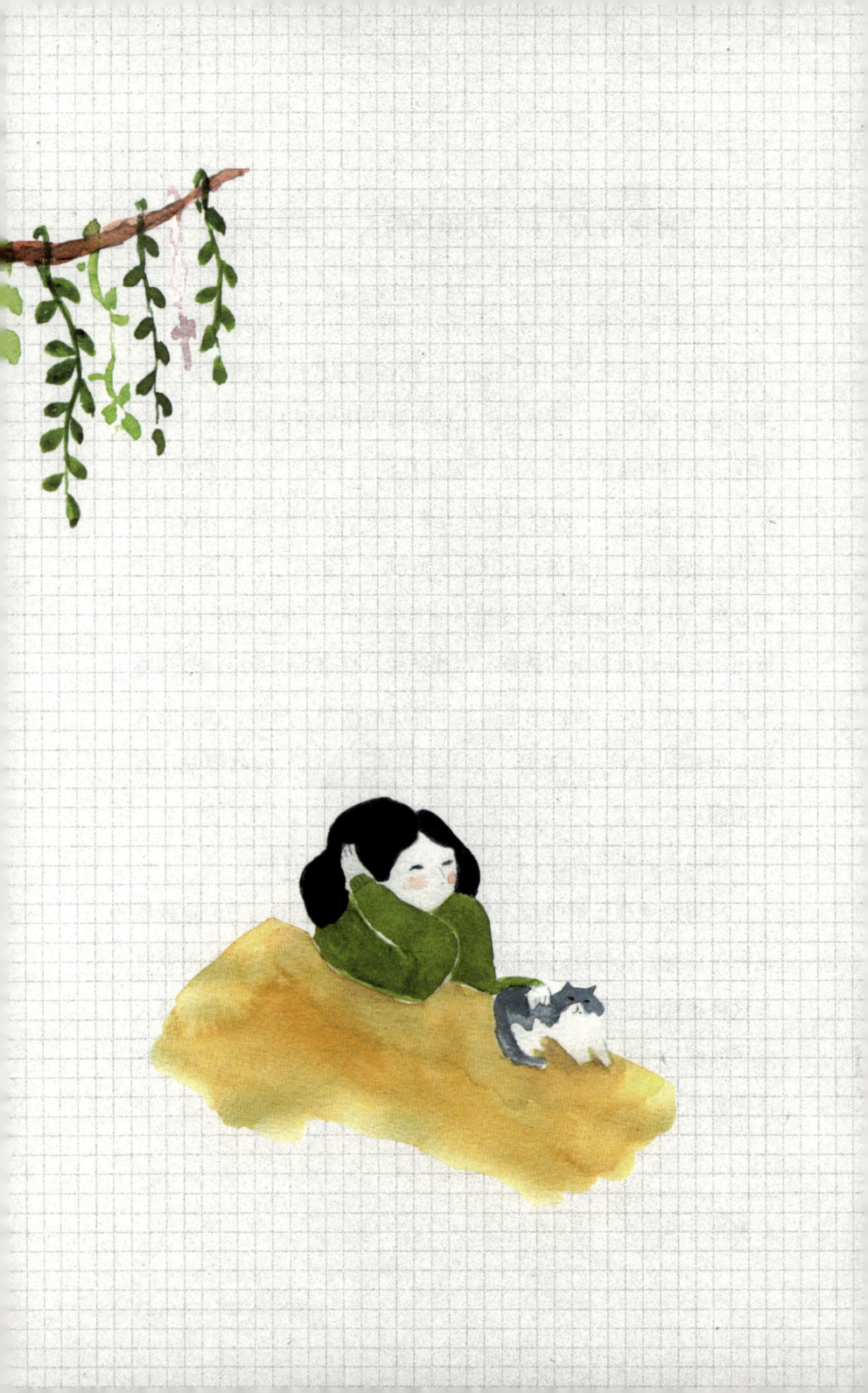

"TOP"是指时间（Time）、情况（Occasion）、场所（Place）这三个单词的首字母缩写，在英文中一般是指"适合时间和场所的着装"。在这里，我想把"着装"换成"态度"。

首先，要知道现在和自己在一起的对象，是总以自我安危为优先的人，还是自己让步10次，他至少可以让步三四次的人。先考虑一下这个问题，再决定是否要继续让着他。每当有"年糕"出现的时候，没有必要对每次都哭闹着自己应该先吃的人进行"始终如一的让步和关怀"。另外，为了让自己舒服一点，对只去照顾那个爱哭的人的中间人也要进行抗议。让他知道我不是可以一直让步的人，让别人认识到我也需要得到同等的待遇。

"这么一想，好像永远都是我在受伤。"

因为不想破坏气氛而将自己丑化的孝善，现在已经对任何人都不再敞开心扉了。因为她"可笑"的行为，最后让她真的变成了笑话。

孝善开始担心人们是否会轻视自己，我建议她没有必要表现出自己内心的脆弱和不安。而且以后，即使聚会气氛变得凝重时，也不要总想着自己先跳出来解决。

"你今天怎么这么安静？"

"你得活跃起来才有意思啊，怎么突然变得不像你了，这么安静？"

也许别人说这种话的时候是无心的，但或许他也从来没有因为你经常活跃气氛而感激你，只是把你当成了一个小丑。所以，一定要学会保护好自己。

第五章　像还会再见一样的告别

如果现在时机不对,那忽略它也是一种方法

还停留在过去的我,和已经走向未来的你

…

我们见过吗,你就套近乎?

每个人都渴望着亲密关系。但是在现实生活中,与人亲近这件事并不容易,甚至很复杂。不亲近会感到不安,太亲近又有点别扭。要和谁亲近?保持怎样的亲密度?这样的问题总是让人感到困惑。

珠弘今天也很担心。因为有一个自己不太想亲近的朋友每天都在脸书上给她留言发信息。
我问珠弘为什么不想和她亲近,她说这个人和以前让自己很累的一个朋友很像,总是毫无顾忌地表达好感,总说想和自己做的事情有很多。关系还不太熟,就挽着胳膊或者搭着肩膀,珠弘觉得这样很爱表达感情的人和自己的性格不太合得来。

"我虽然不讨厌别人。但第一次认识的人太靠近我的话会让我很有负担,我会不知不觉地保持距离。"

仔细听了珠弘的故事后,我认为珠弘似乎正在经历推动关系发展中的"速度问题"。珠弘在一段关系中,情感的递进像乌龟一样慢,而想和她亲近的人却像兔子一样着急。一般性格急躁的人,为了让对方和自己的感情升温,往往会采用肢体接触或激烈的感情表达方式。

当然,这并不是一件坏事。因为她本来就是这样的性格,而且是会拉近关系的类型。矛盾在于,珠弘是在关系中情感较为消极的一类人,所以大步流星向前的一方,看到珠弘慢热的样子会感到非常郁闷。因此,对方会刨根问底,也会觉得珠弘没有对她敞开心扉,会难过,也会不自觉地去做出一些确认珠弘心意的事。问题是珠弘却对此感到很吃力,她觉得自己都还没准备好,就老叫她跑来跑去,真的很累。

用她的话来说,对于突然闯进自己生命的人,只会觉得很有负担。

只因我和你的"速度"不同

如果有人想和自己亲近，不是一件好事吗？为什么会有负担呢？对于这个问题，珠弘是这样回答的：

"因为她从周一到周日都缠着我啊。"
"这是什么意思呢？"
"她约我周一见面，我说不行的话，就约我周二见，周二不行就约我周三见……一直这样我真的有点烦。"

她蜷缩着身子，生怕自己的领域被侵犯。

不懂拒绝的珠弘，害怕一旦关系开始，就要被对方牵着鼻子走。珠弘讨厌这种情况一而再，再而三地发生，觉得如果持续这样的话，还是让走向自己的朋友离开比较好，如果因为心软而轻率地让对方继续待在自己身边，会使彼此更加困扰。

如果你觉得自己很容易心软的话，就不要再去为了照顾对方的情绪而轻易地敞开自己的心扉。如果你对这段关系没有把握，那就更应该如此。也许你这样做会让对方受到伤害，但是那个人很快就会调整好心态，把目标转向其他人。因此，没有必要自责，也没有必要觉得对方非我不可。

理解，表达，尊重彼此"速度"的方法

但是如果不是很讨厌那个接近自己的人该怎么办呢？如果想亲近的对象是像自己一样的"乌龟"类型，那么对于"乌龟"来说，他们的步子不会很慢，我们应该抱着这种想法耐心等待。

相反，如果是自己敞开心扉需要一点时间的话，就在继续保持的同时给对方发送一些让他心安的信号吧。在对方可以看到的社交软件或平台上说："我需要时间接受某个人。虽然很慢，但正在努力中，请等一等。"偶尔主动给对方发信息也不错。像这样，"兔子"要照顾"乌龟"的速度，"乌龟"也会照顾"兔子"的时间，才能在中途相遇时形成良好的关系。

在这里，我想简单地谈谈"亲密"这个词。汉字的"亲密"是由两个字组成的，两个字都有有趣的地方。从字典中我们可以看出，"亲"代表的是"亲近""爱"的意思，而"密"则是"密密麻麻""细密"的意思。同样的亲密关系，在某些人眼里被视为"想好好相处""我爱你"，而对珠弘这种类型的人来说，则会觉得"密密麻麻，很郁闷"。

人和人之间是不同的。所以，让我们拭目以待吧，看看到什么时候，你会真正对他敞开心扉，而嘟嘟囔囔着走过来的他，会从你曾经认为的"细密"变为"亲近"，直到和你之间变得亲密无间。如果他直接说："我性格比较急，等不了你。"或者"我

身边又不是没有其他人，为什么还要等你那么久？"那么让他离开就好。

也许对于这样不同的两种人，想通过关系实现的最终目标是一样的。但不管各自的速度如何，最终在自己缘分的篮子里只会装下少数人。想坦率地进行对话的人、让人信赖的人、让他们知道即使暴露出不光彩的事情也没关系的人、安慰那些连家人都无法诉说的伤痛的人。我们这样因关系而疲惫不堪地生活着，难道不就是为了见见世界上形形色色的人吗？所以我们需要彼此关怀，相互照顾，从而实现各自的愿望。

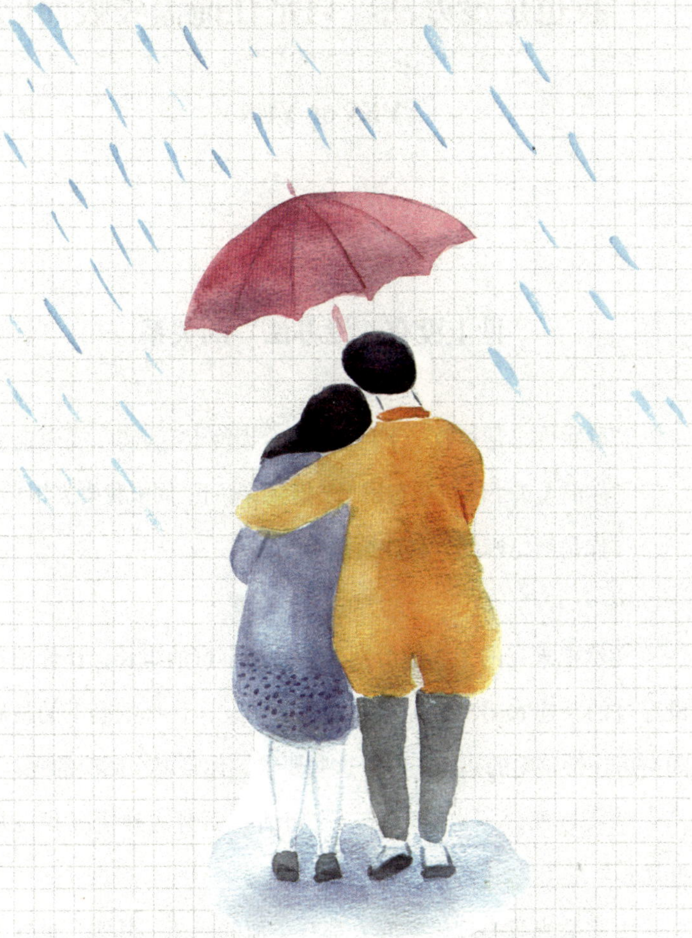

"我也是没办法"只是在掩盖失败而已

YES or YES

世上没有"没办法"的关系

"胜宇你来帮忙收一下尾吧,我今天晚上有点事,要先走了。"

"你前天买了件新连衣裙吧?借我穿一下,周末我要去相亲。"

"你是当姐姐的,就让给弟弟吧。"

……

突然把未完的工作推给别人自己却下班的组长,让你把自己没穿过的新连衣裙拿给她穿去相亲的朋友,让你把剩下的最后一间空房让给弟弟的妈妈。对于这些要求,你是怎么回应的呢?

"我好像说不出'不行'这句话。面对这种情况我也是没办法。"

大多数来我心理诊室的人都有类似的经历。其实,世界上没有"没办法"的事。只有说出"我也是没办法"的自己。面对令人头疼和为难的关系,不要去说"我也是没办法"这样的话。对于已经受伤了的人来说,这种冷冰冰的话一点帮助也没有。

当在一段时间内被关系束缚的时候,内心会变得很乱,比起果断地去矫正自己的行动,更需要的是温暖的关怀。这叫作"心理要素",就像我们把冻住的脚在火炉前融化后才能踏上下一段旅程一样,为了下一段关系,我们需要一个打开心扉的过程。这样才能松一口气,让自己静下心来。

所以我们需要观察一下自己目前处于什么样的状态,弄清楚到现在为止让我们无可奈何的关系的本质到底是什么,我们需要有一个观察自己的内心过程。

很奇怪,只有在那个人身边的时候才会变得渺小

"那是我没有办法的选择。"

这句话可以赤裸裸地表达出内心的矛盾。

"我虽然不愿意,但没办法拒绝。就像被未知的力量所吸引一样,会答应那个人的要求。但是因为并不是自己心甘情愿的,所以心情很不好。"

这是一位不懂拒绝的人第一次向我诉苦时说的话。正在读这本书的读者中肯定也有很多有同感的人。答应对方这件事明明是自己选择的,但是答应了之后,心里却很不舒服,感觉被骗了。

其实，是因为这个决定从一开始就不是你自发性的选择。当你说出"好，我来帮你"的瞬间，你就失去了主体性。不会拒绝的你，也许从一开始，心中就只有一个答案——"Yes"。

他的话中有第二个关键之处——"只有在那个人身边"。也就是说，只要站在特定的人面前，你就变得不会拒绝了。那么这种特定的人，到底是什么样的人呢？

"不帮他的话后果很严重。"

"我需要得到那个人的关心和认可。"

"特定的人"的特点可以概括为：他们总是有几个让对方乖乖听话从而满足自己欲望的诱敌之策。也就是说，他们就是一个能把对方吃得死死的行家。

当然，并不是仅凭"引诱策略"就能行得通的。大部分情况下，他们处在控制方的位置上，可以决定给对方或者不给对方什么。因此，那些需要他们照料，无法摆脱他们的人，便不得不答应他们的要求。

……

虽然讨厌那个人，但也不是讨厌他的全部。

即使想要清理一段准备舍弃的关系，也会产生很多困扰。

"究竟能不能和这个人好聚好散呢？"

"我能摆脱这段关系吗？"

如果这时无法下决断，只是觉得"和这个人的关系是没有办法解决的。我只能这样生活下去"，那么十有八九会和这个人的关系陷入恶性循环。

你明明不想再接受这种关系，但却觉得没有办法。这是一种什么状态呢？事实上是你并不清楚哪些是你不想要的。虽然感到自己有些不舒服，也不太情愿，但就是因为不是讨厌对方的"全部"，所以才觉得很矛盾。

对你而言，他们虽然很讨厌，但也有着相应的优点。比如说，每到周末，除了他，你就没有可约的朋友了；虽然是讨厌的同事，但是会替你挨上司的骂；虽然总爱使唤小辈，但是在决定性的瞬间，还是会细心地照顾后辈。也就是说，维持和那个人的关系并不是对你只有100%的坏处，在某些方面，这段关系还是可以维持下去的。

我们总是用"无可奈何"来形容这种状况。但其实更确切的表述应该是"尚未决定"。或许你只是在逃避，只是想以"无可奈何"为借口，从必须做出决断的困境之中逃脱出来。

如果你正处于这种状态，我想提一个建议：直到你的内心确定下来为止，要和对方保持最大的距离。有一句话说得好，"逃避可耻，但很有用"，我们只是不敢面对自己的内心罢了，所以，如果你选择逃避，不想立马下定决心，也可以暂时拥有一段"犹豫不决的时间"。既然还没有下定决心，就不要立刻做出想要远离那个人的结论，而是灵活地调整一下这段关系中双方的距离。

如果你们之前是两天联系一次的话，那么就逐渐减少接触的次数吧。在会议或会餐时，不要坐在同一张桌子上，也是很有帮助的。同时，为了解决这个问题，需要努力去让自己拥有"没有他也可以很好地生活"的能力和勇气。只有解决了这个问题，才能摆脱这段令你感到无可奈何的关系。

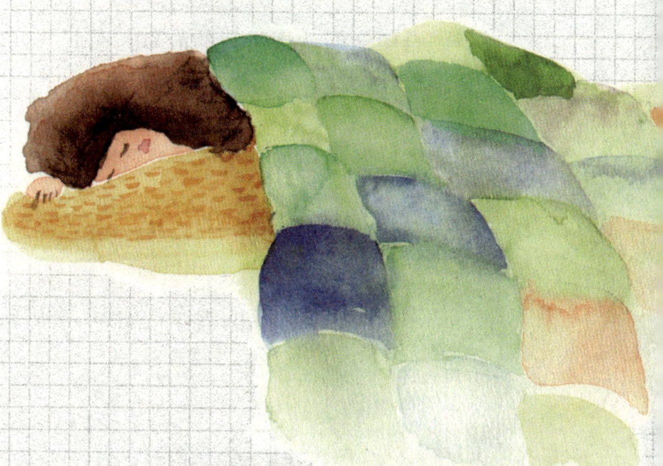

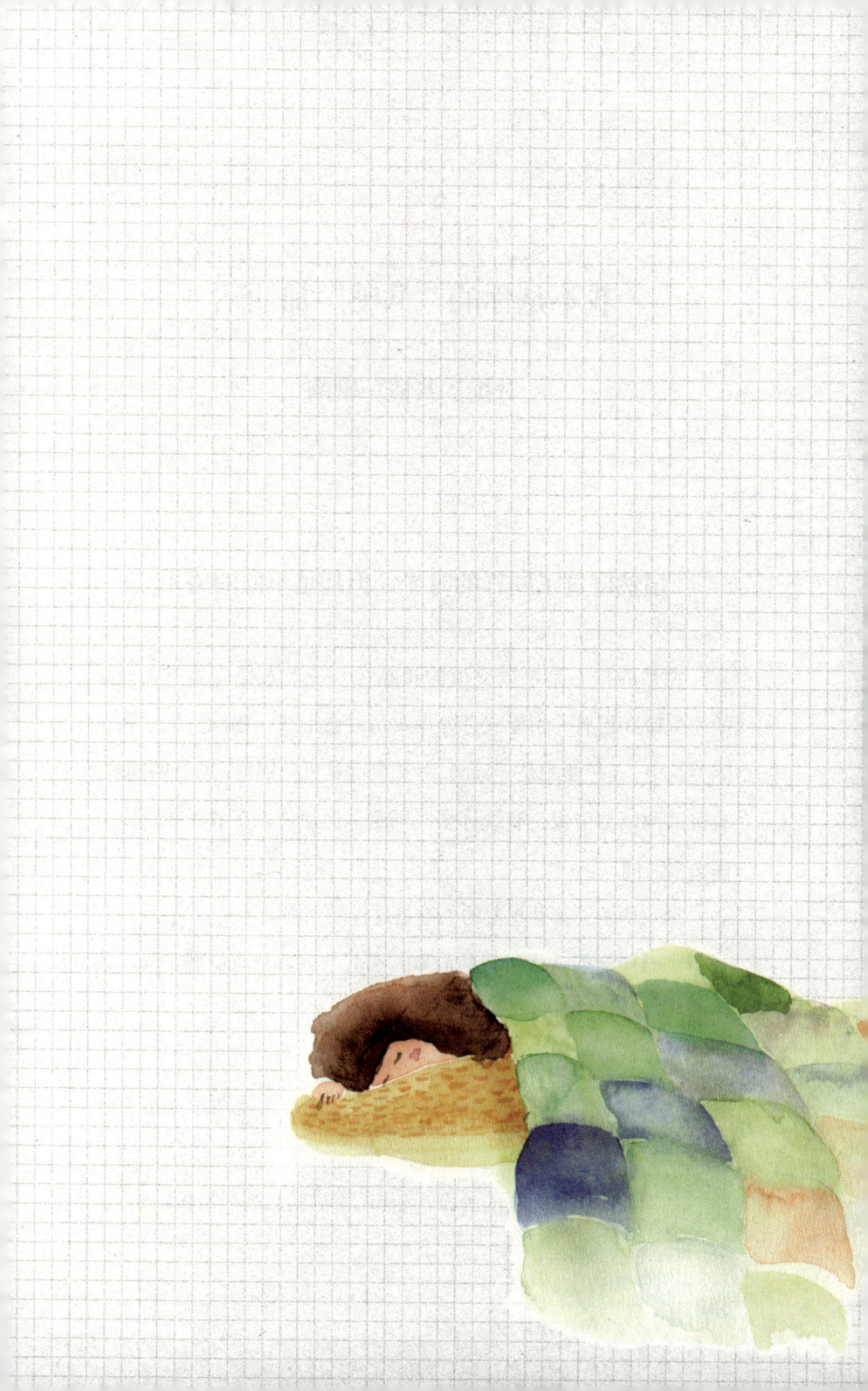

我不是你的"共鸣"加油站

对抗"共情"剥削

虽然度过了同样的时光,但却是不同的关系

关系的核心是形成交流的相互性,一个人是成立不了关系的。A 和 B 相遇、相爱或者分享友情时会形成一幅画;但是在实际关系中,A 想要的是一幅画,B 想要的是另一幅画,共有两幅画。有时这两幅画很像,有着许多共同点,但往往大多数时候都没有那么多共同点。

举个例子,善慧想要的关系是这样的一幅画面:

"希望他能认真听我的故事,引起共鸣。只有以我为先,我才能从这段关系中感到安定。"

相反,英恩想要的关系是这样的画面:

"虽然我是习惯于倾听的一方,但还是希望两个人能有来有往。"

如果按照善慧向往的画面,英恩的不满就会逐渐累积。因为,英恩每次都会认真倾听，也会产生共鸣，但善慧只会自顾自地吐苦水。就算是两人一起度过的时间，吃着同样的食物，但彼此在这段共同度过的时间中的感情是完全不同的。我把这样的现象描述为"表面上虽然在一起，但内心却从未贴近过的空虚的人际关系"。那么，如果对此感到不满的英恩对善慧说出自己想要改变的话，会怎么样？会被接受吗？恐怕很难。

"每次我都是只听你说，有点累。我们改变一下对话方式吧。"

"你说什么啊？是你从来都不主动说自己的事啊，我什么时候堵住你的嘴了？我跟你说，我昨天……"

习惯以自我为中心，时刻渴望得到共鸣的人很难去承认自己的问题。更何况，共情是一种难得的品质，能够共情的人不仅具有很强的吸引力，还会让人产生依赖。善慧也清楚自己很难再找到一个可以代替英恩的对象。这就是英恩不断地去产生共情的原因，也是英恩想要暂时搁置这段关系的理由。然而即使是为了和善慧维持关系，英恩也应该拥有"给放完电的感情充充电"的时间。

不想再被你当成共情加油站

共情是心灵的一日三餐。如果是成年人，这三餐就应该由自己来解决。但问题是，虽然每天都需要共情，但不能靠自己的力量解决问题的人有很多，还有许多人甚至连自立的想法都没有。

有些人疯狂地想得到他人的共鸣，有些人则因为需要对特定的人产生共情而感到疲惫。当前者遇到后者时，他们都会感到非常苦恼，特别是后者。有些时候会因为商业上或长期以来的"关系框架"，无法拒绝与对方共情的要求。但是要知道，在任何情况下，要求对方对自己感同身受只不过是以自我为中心的欲望而已。

"今天你就听听我的心里话不行吗？"

即使不能坚决拒绝，也要把界限划清。

"一个小时左右的时间可以，我后边还有其他事。"

可以像这样去划定一段时间，从这种简单的小要求开始。如果这都不能做到的话，就会再次陷入单方面的关系。

那些自私的人就是这样得到你的共情之后消失的，因为他已经达成了他的目的。就像是他心里的油耗尽了，在寻找附近的加油站一样，这时他找到了善解人意的你，便会开始索取你的共情。如果你对此没有任何防备，那么在那之后你也会不断地被利用。

总算知道了，我就是你的感情垃圾桶

攻击的另一种说法

…

他们只欺负那些"老实人"

生活中，我们都需要垃圾桶和卫生间。垃圾是人类每一天都会制造的污物，在感情中人们也会制造垃圾。感情的垃圾到底是什么呢？我认为所有的感情都很重要，不存在真的像垃圾般的感情，因为我觉得人的感情中没有一种是能够被抛弃的。

尽管如此，"感情垃圾"这个词还是出现了。那种让人头疼、疲惫，让人吃力，甚至很想把它抛到一边的感情，就是感情垃圾；而总是接过别人抛出的这些感情垃圾的人，则被称为感情垃圾桶。

"我的朋友总是感情用事。刚开始时我都乖乖听她的，但是越来越频繁，所以就很累。她时不时就给我发短信，不马上回应的话电话立刻就拨来了。"

"她打电话来一般都说什么啊？"

"一直在骂领导,说跟我吐槽心情后才能渐渐平静下来。"

"你是不是觉得朋友累到不行了才会和你这么吐槽,所以心软了啊?"

"是的,虽然搞得我很有压力,但是我也不会冷漠地对待她。"

"那素拉你也会向朋友诉苦或者讲自己的事情吗?"

"不。基本上百分之百都是按她的意愿来,一两天还行,可现在我太厌烦了,无法再继续下去了。"

"那你以后要怎么办呢?你肯定也有自己想要的关系画面。"

"不能再这样了啊,比起当'感情垃圾桶',第二天和朋友聊天的时候我觉得更受伤。"

"第二天吗?"

"是的。我昨天确实心情不怎么好,但是我跟朋友说自己昨天很开心。我觉得自己太没出息了,不知道为什么连这种时候也在欺骗自己去迎合朋友的心情。"

"你是在说你的二次受伤对吧?这是非常重要的一点。比起打破关系的均衡后受到的第一次伤害,本人的自我否定和回避造成的第二次伤害会更加降低你的自尊感。你能自己意识到这一点,这本身就是件非常了不起的事情!"

如果是这种关系，暂时放下也无妨

在你的朋友、恋人、家人、同事或上司中，一定会有这样一个人。因为没有可以诉说的地方，所以只能向值得信任或能诉说的对象倾诉。越是无法拒绝、共鸣能力强的人，就越容易成为熟人的情感垃圾桶。一天要听好几次朋友诉苦的素拉也是这种感情劳动者。目前，素拉和朋友的关系已经失去了公平性。如果在关系中出现相互性崩溃，就会导致力量的不均衡，从而使得一方变成"感情垃圾桶"。

如果你像素拉一样，也因为某人的感情而感到疲惫的话，那么你需要观察一下双方的关系是否平等，虽然不可能是完美的50∶50，至少也得观察是否有相似的互动交流。就像在足球比赛中双方的控球率一样，关系中也要明确你们双方对话的占有率。如果对方每次甚至是在数年以上的时间里，话语的占有率都极其高，那么一定要指出关系中的问题。即使不去断绝这段关系，也要试图让交流变得平等些。

"让这段关系休息一下也不错。"

实际上，我是想提议让素拉先暂停一下这段关系，但她却反问道："暂停吗？你是指朋友来电时，让我不要接，直接无视她的意思吗？"

暂停的意思是，当发泄感情的一方是"说者"，接收的一方定义为"听者"时，与其等到说者停止发泄感情，不如由听者来停止，主动选择不再继续听下去。虐待和被剥削的关系只有在被虐待和剥削的一方进行反抗和要求停止时才会真正停止。当然，偶尔也有说者停下来的情况，但发泄感情垃圾的一方往往会感到满足和快感，因此不会轻易停止。

"感情垃圾桶"也是一种攻击

　　素拉对"第二次伤害"有了更深层次的认识。虽然在倾听朋友感情的时候还没有办法做到主动喊停，但是在第二天的对话中，她意识到了自己已经开始讨厌每次都要去帮助朋友消化情绪这件事了。因此，如果她立刻纠正这一点，可能就会恢复自己受损的自尊心。

　　如果你一直以来表达出的都是"我昨天也很开心，果然我们是灵魂的挚友"，这样的态度，那么这次，按照自己的节奏推进交流试试吧。

　　"我昨天听得有些累了。我们以后说点别的话题吧。"

　　可以用这种程度的话来表达自己的想法，这样对方才会察觉到。如果对方反驳说："呀，你不是也喜欢听吗？今天是怎么了？"你也要明确表示："我并不是什么事都喜欢听你说的。"友情不是单方面地迎合对方。记住这一点，就可以不再那么软弱了。

　　人们通常认为攻击和伤害就是大发雷霆、辱骂或诽谤，但事实并非如此。往来于日常关系中的伤害反而会悄无声息地表现出来。最有代表性的就是把对方当成"感情垃圾桶"。

　　素拉一直以来都在接受朋友的情感倾诉，如果素拉不再去听朋友的故事的话，朋友无论如何都会试图把关系复原。如果不如她的意，她就会变得具有攻击性。会在素拉说话的中途打断她，不给她表达的机会，或者用更过分的反应让素拉尴尬，这些都是所谓的具有攻击性的行为。因此我们说，在人际关系内部发生的攻击和伤害，是为了抑制对方的欲望而在必要范围内发泄自己的欲望的行为。

　　如果有人把你当成了"感情垃圾桶"，你一定要弄清楚，他并不是因为把你当作好朋友、好家人、好同事才跟你宣泄感情，而是把这当成一种攻击。只要明确认识到这一事实，就不会再受到伤害了。

坏感情是我的，烦闷的心也是我的

将感情客观化

是时候考虑自己的感情了

曾在社交网站上看到过一篇"感情保温杯"的帖子。因为太伤心了，想要诉苦的时候就把这些感情倒入自己的保温杯里。虽然不知道写这篇帖子的人是谁，但是却很真实地描绘出了这种感情。借用这个办法，你可以尝试一下制造一个"感情的回收桶"。为什么叫作"回收桶"而不是"垃圾桶"，也是因为我之前提到过的，没有一种感情是可以被抛弃的。

不好的感情是我的，不舒服的感情也是我的。当你体内出现了想要对某人倾倒不快的情绪时，只需要把它当作需要分类回收的感情，放在感情回收桶里。

在便利贴上用短而明确的词或短语概括自己的感情，将这些词按颜色分类。便利贴的分类方法如下：

| 感情的不同阶段 | 绿色 < 黄色 < 橘黄 < 粉红 |

绿色 　　　　　　　　　　　　有些不舒服

可以充分理解，也可以通过对话解决的事件或对象
　例："哼，你无视我的话了吗？" "怎么半天都不回我消息。"

黄色 　　　　　　　　　　　　　有不快感

虽然不快，但可以充分忍受的事情或对象
　例："那是误会。" "再等等吧。"

橘黄 　　　　　　　　　　　　　紧张，害怕

需要警告的事件或对象
　例："不想再因为你受伤了。" "这是我最后一次忍耐了。"

粉红 　　　　　　　　　　　　　愤怒，恼火

让你大发雷霆的事件或对象
　例："金在勋，我不会再见你了！" "崔涩琪，你滚吧！"

　　就像这样，搭配着便利贴的颜色写下自己的感情，每个月确认一下哪种颜色的便利贴最多，这样就能客观地掌握自己的感情状态了。还有一点，如果坚持不懈地做这项工作的话，你的自尊心就会逐渐得到提升，因为你将学会珍惜每一种情感。

事实上,"感情垃圾桶"是心理专家的领域

如果遇到以上程度的委屈或遭受了灾祸,那就应该去找真正的"感情垃圾桶",也就是去找心理专家。"感情垃圾桶"不是谁都能做到的,这需要专业领域的技术。

在进行心理治疗时,治疗人员和患者用"合约"的形式来开始激活"感情垃圾桶"的功能。患者需要把自己难以处理的负面感情尽可能坦率地说出来,治疗者承诺认真倾听其内容,这就是治疗的开始。

但我们需要明白一点,即使是面对这样专业的治疗,治疗人员也不能成为患者真正的情绪宣泄口。心理专家作为治疗者的人格依然存在,需要受到患者的尊重。同样的,无论患者说什么,治疗者也需要以专业的态度尊重他的人格。

治疗人员并不是单纯的"垃圾桶",因为他不是一个被动的人。治疗者需要积极地了解患者的情况,进行分析处理后返还给患者。运用这种专业能力是治疗者的工作和任务。可以说,治疗人员是内部装有"垃圾处理装置"的"垃圾桶"。如果你真的需要他人的帮助时,请不要把朋友当成宣泄情感的"垃圾桶",而是要去找心理专家寻求帮助。

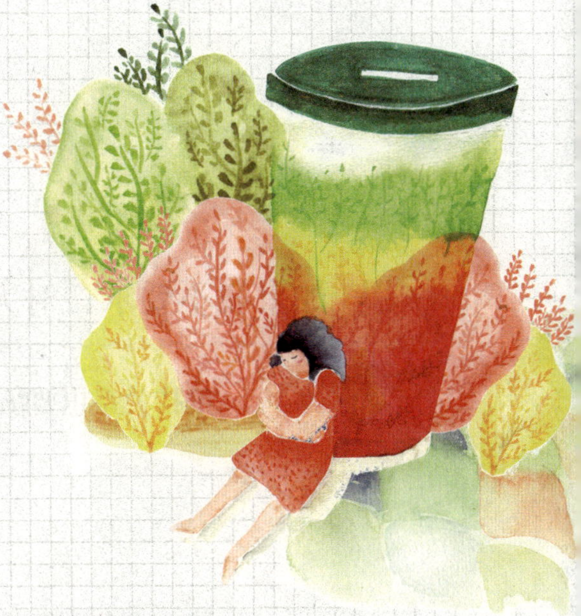

如果我不要求，对方就会都拿走

维持关系也要畅所欲言

被动攻击性，以静制动

并不是只有通过直接的言语或行动造成的伤害才是攻击。平凡、琐碎的话语和行为，也是攻击，也能让对方失望透顶。

民浩总是因为一个只顾及自己利益的同事而感到痛苦。忍了两年之久的民浩，在最近的会议上对他进行了小小的报复。那个同事嘱咐民浩，如果自己提出点子，就在旁边帮帮他。

但是部长对同事的想法强烈地提出了反对意见："你又一次提出上次会议中被拒绝的创意，是有什么理由吗？"这时，如果民浩站出来，就"两个创意的差异"做出一些解释，情况可能会发生转变，但是民浩却紧闭着嘴。虽然会议结束后，他跟同事哭着解释说部长那么生气我怎么敢说话。但是民浩的心情却很好。

很多人对民浩的事例都有同感。民浩的行为被叫作"被动攻击"。这是一种虽然知道对方想要的是什么，但自己故意不答应，从而让对方受挫的防御机制。与明目张胆地指责和攻击不同，被动攻击的特点是不外露。

如果一个人缺乏主动为自己辩护和保护自己的力量，就只能用这种方法来保护自己。但是被动攻击的次数是有限的。比如说，朋友有一部想看的电影，假设你因为讨厌他而故意没有出席约会，这样一来，可能就会成功地伤害朋友，但反过来，自己也会为爽约而自责。这种自责的心态会造成自己在下次与朋友见面时，在对方面前形成一种"低人一等"的局面。

虽然同事对此并不感到生气，但是这种方法是一次性的。偶尔用来发泄一下可以，但是治标不治本。

我向民浩建议，如果同事一直要求他做一些不合理的事，他一定要学会为自己做明确的辩护。

"如果民浩你不为自己发声，那么对方就会渐渐地把你的一切都拿走。"在人际关系中，存在着"话语占有率"。如果总是放弃自己的表达机会，那民浩就相当于把自己的权力都交给了对方。

先考虑自己，再考虑别人

　　无法为自己发声可能存在很多原因，最大的原因是担心对方会讨厌自己。虽然讨厌同事，但还是很想维持关系，像民浩这样心软的人总有坏人在身边不断纠缠，是因为他总是担心对方会不高兴、会产生负面情绪，所以不敢随意行动。

　　"因为这种性格，得不到自己想要的东西，这可怎么办才好啊？"

　　"天啊……现在是满身疮痍啊！"

　　由于过于担忧对方的情绪而感到不安和焦躁，最终，这种不安的情绪会最先抑制自己的需要和欲望，并放下自己的需求，去为对方而奔波。这就是长期以来一直在隐忍的人们的心理状态。如果你也是这样的人，你应该认识到，自己的需求和欲望也是很重要的。

　　在爱情中也是如此，但一切关系都跟时机有关。并不是说要自私地贯彻自己的需求和欲望，而是说要能够"适时"地聆听自己可能会爆发的心里的声音，然后再学会了解对方不舒服的情绪。如果自己的欲望能得到适当的解决，心情就会变得轻松，也就能够真心实意地去对待和帮助他人。

在人际关系里能畅所欲言的三个条件

那么,怎样才能有效地提出自己的要求,堂堂正正地为自己发声呢?请看以下三点。

一是时机。寻找先说话的时机。一般来说,越是会察言观色、分辨是非的人,越能够注意对方的感情,因此也很善于捕捉适当的说话时机。觉得对方看起来状态不错的时候就是最佳时机。但是在这里,要注意自己的感情状态。如果本人感到不安或不便,就应该避免进行对话沟通。若自己还没有整理好心情,宁可延后沟通。也就是说,必须同时抓到对于对方和自己来说都很恰当的时机。

抓住时机的例子

我的时机　　结束忙碌的工作后,有了空余的"一周后"。

对方的时机　　计划好的事情顺利结束,有时间的"两周后"。

对话的时机　　两人都有空的两周后的工作日晚上。至少在对方敏感的时候不要对话。

二是对发言权的守卫。如果不想破坏关系，就应该事先考虑说话的态度和力度，以免在实战中出现失误。需要提前预想一下剧本，模拟一下对方的反应，可能对我们说的话的回答，我们吐露内心时两人之间的气氛等。只要充分调动想象力和敏感度就可以做到。

"如果我说这样的话，他可能会很慌张。"不要这样不安地去揣测对方的感情，要把精力用在构思具体的语言和行动上。

如何守卫你发言权的例子

可接受的关系变化	即使因为这句话关系变得不好了，我也要贯彻我的要求。虽然我不想破坏关系，但再这样下去真的受不了了。
必须要说的话	要求他不要在聚会的时候把我当作笑柄。
最需要守卫的话	就像你想成为主人公一样，我也不想成为某人的陪衬。
对方不可能接受的话	我不想再和你见面了，你什么事都只顾着自己。

三是练习说话。整理一下自己要说的话,然后好好进行说明。不仅要正确地认识自己的欲望,还要提前进行练习。可以问问自己为什么要那么做。

另外,减少对说话的恐惧感,即使在对话过程中对方的表情变得不对劲了,也要有勇气把该说的话说完。

练习口才不只是为了工作和面试。以经常见面的熟人为对象进行"口才练习",我们的生活才能变得更加舒适。

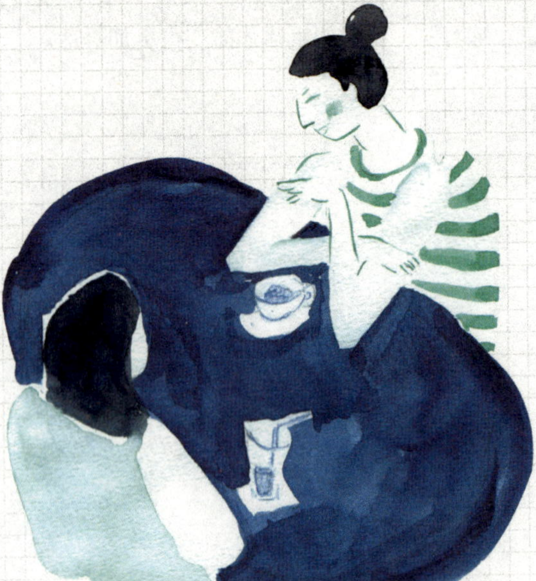

分手之道比相处之道更难

和平分手的定义

"卒婚"与"卒恋",暂时分开一段时间也不错

尚振从心理咨询刚开始的时候,就说要和女朋友"卒恋"。

"我只听说过卒婚,卒恋是什么呢?"

"婚姻生活'毕业'了就叫作'卒婚',对于恋人而言,恋爱关系'毕业'了就叫作'卒恋'"

"这跟分手有什么区别呢?"

"分手就代表结束了,但是'卒恋'是指两人先不分手,分开冷静一段时间。女朋友和我在何时结婚的问题上争执很大,经常见面就吵,于是我们就决定先分开三个月的时间,各自冷静一下。"

"嗯,这是给了彼此充分的考虑时间啊。"

"是的,现在在一起彼此都不好受。只要不谈结婚的话题，其他一切都很好。虽然我不想现在马上结婚，但是要结婚的话我肯定是想和她结的。"

这两个人在5年的恋爱里经历过很多难关。因为从尚振开始担任军医的时候，女朋友就希望和他结婚。他也把她当作结婚对象，只是对于家境清寒的他来说，家庭的经济状况是一个很大的问题。尽管如此，女朋友还是经常催促他结婚，于是两人越吵越凶，最终进入了"休战状态"。因为现在还是"卒恋"期间，所以不知道尚振这对情侣的结果如何，但是我觉得这是一个很好的办法。因为即使分手了，这三个月的时间也可以成为离别的序章。如果不是感情上的别离，而是"理智分手"的话，对尚振和他女朋友来说，这段时间的冷静也是很有意义的。

现在的离别是为了下次更好地相聚

虽然更多的人会问我该如何与人交往，但其实如何与人分手是一件更有难度的事。可是却很少有人想知道正确的分手方法，也很少有人有要学习如何分手的想法。

"该如何和那个人提分手呢？"

"分手真的是正确的选择吗？"

无论是谁，在生活中都为分离忧愁过。也有人因为急切地希望尽快结束一段感情，所以选择果断地整理了这段关系。但是为了自己，也为了以后，还是要"好好地"结束。要不然与这个人的相处中出现的错误、教训和委屈，如果又出现在下一段关系中，岂不是很可怕。

好好分手是为了以后的关系能够更好地开始。就像新建楼房需要拆除现有的楼房一样，打地基的过程是非常重要的。

有马上要离婚的夫妇来找我咨询，他们的焦点是两人该如何和平分手，而不是如何能够和好如初。我认为，首先要明确两人是否有很好地结束关系的能力，是否具有能够很好地分手的余力。

现在的"完美"分手，是为了在未来可以用更加饱满的感情状态去牵手对的人。这比双方往返于愤怒和绝望之间互相伤害要好得多。当然，这也很困难，需要双方共同的努力。

...

受折磨的一方先提分手

关系中也有副作用定律。虽然这听起来很不可思议，但对于已经感觉到了会分手的人来说绝对是这样的。我们需要透过关系这面镜子，看到彼此。要知道，没有一方，就没有另一方。争夺与被争夺，伤害与被伤害，付出与给予，指责与被指责，总是同时发生。

特别是家人、恋人、挚友这种关系，关系越亲密，受到伤害的概率就越大。随着彼此的交往越来越深入，互相的付出或给予越来越频繁，会产生很多作用的结果。发生好的作用固然是一件好事，但普遍看来，产生的副作用更多一些。

当关系中的一方突然感觉到"太辛苦了"的时候，就是关系发生变化的开始。在关系中感到情感匮乏，觉得受到折磨的一方会为了想要分开而开始疏离。但有时对方是不会轻易放手的，这完全可以理解。明明昨天见面还好好的，今天突然就要分手，要断绝关系，会让人感觉之前的感情完全被否决了，因此如果一方突然提出分手，另一方是不可能轻易接受的。

不留委屈是对离别的尊重

从这个角度看，尚振这对情侣进行的"三个月的卒恋期"是非常明智的方法。通常面临分手时，双方只会情绪激动，闹到一发不可收拾的地步。但是有了这样的卒恋期，双方就会很自然地去思考两人感情现在存在的问题。比如，到目前为止，我们的关系如何，我们之间的隔阂能否得到解决，即考虑这段感情在未来是否有继续发展的可能性,从而冷静地决定是否要分手。如果决定要将这段感情暂缓的话,得清楚自己要舍弃什么,承担什么。像尚振女朋友这样的情况,也许在经过冷静思考后,往后的几年都不会再向他催婚了。

像这种"暂时分开,给彼此留出独立思考的空间"的状态,会激发出人们自我决策和自我承担的主体性。其实大多数人在考虑分手的时候,很难具备这种主体性,总觉得自己单方面受到了伤害,于是就去纠缠或执着于对方,甚至对要求分手的恋人行使暴力,这种事也都时有发生。感情用事的分手对双方都是不利的。

所以,如果你正想要分手的话,不要被对方或事态牵着鼻子走,同时也要留给自己思考的时间。就像离婚前应该有个冷静期一样,即便恋爱不受法律的保护,有这样的一段准备适应期,对双方也是很有必要的。

不管任何时候你都是最重要的

纠正错综复杂的关系

为什么不明白，我又不是你老妈

"我们俩在一起的时候，我从来没有随心所欲地做过我想做的事情和吃我想吃的东西。"

"我是她的朋友，又不是她老妈，真是受够了，就到此为止吧。"

"他也没什么了不起的，我就是不想再这样继续下去了。"

虽然这三句话的说法不同，但概括来说的话，都表达了一个意思："从现在开始，我想要遵从自己的内心，以自己的意愿为主，决定更偏袒自己一点。"

"人是不会轻易改变的。哪有人会放弃现在享受着的'特权'？在我和她的这段友情里，她是'公主'，我是'女佣'。我根本不期待有什么改变。"

"尝试过了。我等了6个月左右的时间,以为重新见面时会回到一开始认识的状态,但没想到还是和以前一样。因为他是要随心所欲才能释放自己性情的人。"

如果两人达成了冷静一段时间的协议后,再在一起时,却没有感觉到任何变化,那么只需要毫不留恋地转身离开就足够了。

如果对方总是以朋友的名义从你这里要求得到连从妈妈那里也没有得到过的爱,那么即使是恋人,也很难再维持这段关系了。人与人之间有相守的界线,也有往来的限度。如果对方总是想要你给他"无条件的爱",就像父母和子女之间的关系一样,一定会让人感到窒息,这时候就应该重新调整关系。好好问问自己吧:

"难道我成了你的妈妈吗?"

"不,我可不是你的老妈。"

重新做回自己,从成为对方"妈妈"的角色中脱离出来,找回自己本来的面目。

我想和他分手,他起初就没关心过我

决定找回自己后,需要一段自我缓解的时间。我怎么就成了他的"老妈"呢?不是受人尊敬爱戴的"妈妈",而是任何事情都受他支使的"老妈子"。或许那些习惯放低姿态的人,都是在用这种方式去迎合对方吧。或者是这类人在人际交往中总是习惯付出太多，给予得太多，以至于所有的情感都会溢出来。虽然他们也讨厌对方看不到自己的真诚，也不喜欢被无情地对待，但他们总觉得自己的损失还没有达到无法承受的地步，所以一再让步。

但如果认为自己也有不足之处，抱着被扫地出门的心态的话，也许就不会意识到自己在时间、金钱和精力方面已经造成了巨大的损失。只有将这段关系告一段落，才能成长。如果一心想着和贪图便宜、利益优先的朋友交往，那么时间久了，必然会蒙受损失。

还有一点要记住，那就是那些抛弃别人的人是不会感到自责的。很多时候，越是不希望关系发生变化的一方，就越是享受这段关系带来的舒适感。无法接受分手的原因，也是因为怕无法适应以后的生活，不想打破这种现有的平衡。

谁都有过这样的想法："我不会遇到比他更适合我的人了""和他交往我真的收获了太多太多"。这不是天真，而是很自然的心理反应。但问题在于，在一段关系中不应该只有一个人获益，而是应该互相轮流享受"爱的甜蜜"。获益的人只想继续索取，给予的人必须总是付出，这就产生了问题。一旦陷入关系带来的安乐感，就会开始想要将这段关系把控到"自己想要的方向"。

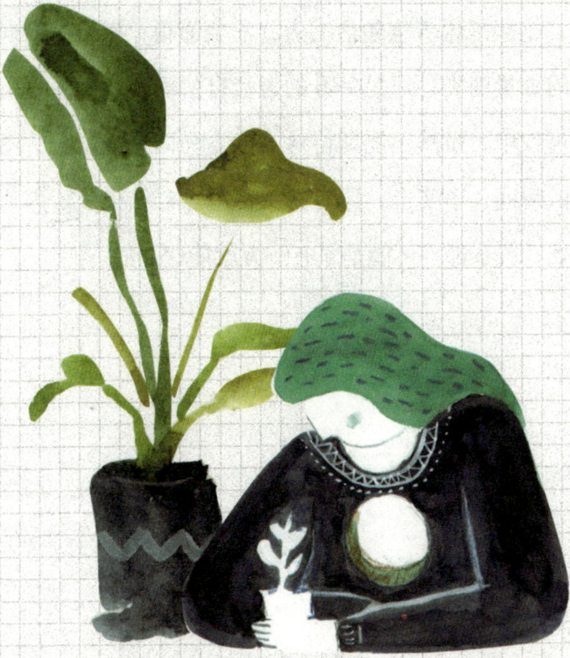

先满足自己的需求后，再去交朋友

什么是和平分手呢？就是整理好分歧后，各走各的路。扪心自问，我真的这么在乎与他人的联结吗？我是不是也该以自我需求为先？如果是这样的话，与其选择去开始一段关系，耗费时间，不如先为自己的需求而努力。我也一再反复地说过，如果不能首先完善自己的需要，就开始与对方交往，是不能得到真正意义上的关心和照顾的。

最后，假如对方牢牢地抓住自己的手不愿放开该怎么办呢？

"感觉永远都无法从这个人身上解脱出来。"

绝望地说着这句话的人，需要懂得，感情是双向的，如果一方的力量消失，那另一方的力量自然而然也会跟着消失。在放下的过程中，虽然不能期待对方能立马同意或配合，不过在自己放手的瞬间，事实上，原有的关系就已经结束了。因为不管用什么方式，关系都不可能是只有一方就能建立的。

像还会再见面一样坦然放手

不是分离，而是休息

越先决定分手的人越有主动权

我劝大家在分手之前先冷静一段时间的理由是，不希望想分手的一方到最后变得只在乎自己付出过的感情，这会让关系最终陷入泥潭。有时，作为被分手的一方，应该要懂得满足对方的要求，学会放手。因为即使是对方要求放手，也还有很大的概率可以再次抓住他的手的。不愿放手，只是因为还没做好接受那个人离开的准备罢了。其实，分离是人生的一种常态，我们每个人都在人来人往的相遇和离别中生活着。

一个下定决心要走的人，是很难挽回的。"你太自私了吧，我们明明相处得好好的为什么要突然提分手？"也许被分手的一方会这样去控诉。但是，正如自己想要抓住这段关系的期盼一样，对方想要结束这段关系的期盼也同样应该得到尊重。

有的人在情绪不好的时候，只愿意去关注自己的心情，这种态度只会给对方增添一条分手的理由,让对方在分手时说出:"你总是这样,所以我累了。"如果真的是这样的情况,而且提出分手的他是你很珍惜的人,就算是为了以后的相处,请现在学会放手吧,这才是成熟的成年人应有的勇气。

从某种意义上讲,率先意识到自己在这段时间内备受折磨,觉得自己受到的伤害更多的一方反而可能会更坚强一些。因为如果真的脆弱不堪,是无法洞悉在自己身上发生了什么事情的,而是会处于迷茫困惑的状态。

"交往的时候我一直都是弱者,只是因为我是决定分手的一方,我就变成强者了?这也太不像话了。"

应该会有人这样抗辩,但确实是这样,因为先决定分手的人,是主导和引导了关系方向的那一个。

总有一天,我会重新和她/他牵手

好好分手就意味着坚决果断。在这里,"坚决果断"的意思并不是说要毫不留情地结束,而是说,要让关系停止朝着更坏的方向去发展,因此需要性能好的"刹车"。只有这样才能在破坏性的关系中拯救自己,说不定也是在拯救对方。向对方宣布:"我不再容忍你现在的状态了。"这就是一种坚决果断。至于在恋爱关系中,如果长久以来,对方总是拜托我,我也总是答应的话,那就更应该这样去做。

当我们在开车行驶时，安全受到威胁，我们会毫不犹豫地踩下刹车。同样的，当发现关系走向毁灭时，为了拯救自己，也必须"踩刹车"。关系是互通的、双向的，有我，也有你。当均衡面临崩溃时，每个人都可以先说"再见"。

但如果是你先决定分手，不管是因厌倦了对方，还是出于想保护自己的心态而结束这段感情，总之不管是怎样的理由，至少要给对方一点时间，毕竟在说出分手之前，你已经在心中进行了很久的思考与纠结，而对方可能还毫无准备。给他一点时间，这样他才能在那段时间里经历和你一样的苦恼和思考，然后才可以从容不迫地接受分手。

如果对方尊重自己要分手的意愿，愿意就此放手，那一起放手是最好不过的了，反之先放手的一方也该有"礼貌"。即使当下放手，但是说不定以后的某一天也会复合。当然，前提是双方确定想要建立彼此关系的时候。如果没有这样的前提，再次遇到的时候，只会产生"那时候你抛弃了我"的心理，听起来只是为了想得到补偿。

如果你觉得当两个人调整好了状态，可以再一次建立起健康关系的时候，就可以再次在一起了。请不要立马斩断姻缘的绳子，而是留一些空间，暂时关掉开关，期待未来的某一天可以再次牵手。现在结束关系并不意味着永远的离别。暂时分开冷静一段时间，不要忘了一切的出发点都是为了下次更好地相遇。

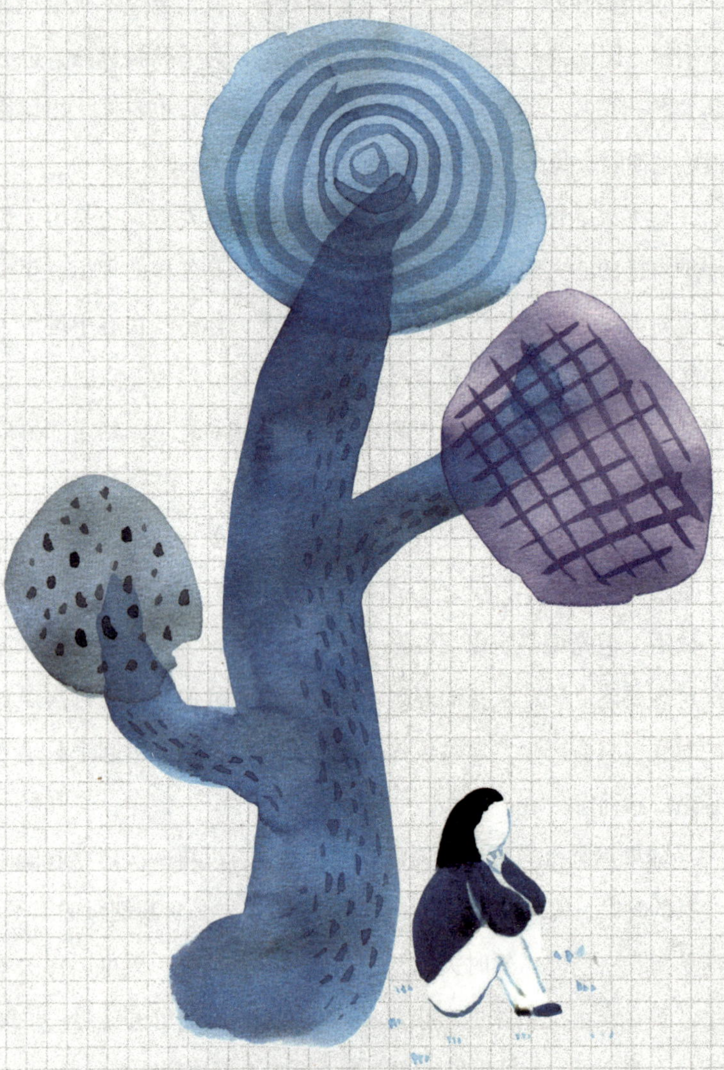

> 深入思考

关于关系的几个问题与解答
Q&A

Q1：您说过要知道自己想要的是什么，可是如何才能知道呢？有什么好办法？该如何知道自己的需求是什么？因为从小到大的生活都被安排好了，活到现在，已经很难再去仔细观察自己的追求了。

A1：在关系中了解自己需求的好方法是用文字去记录下来。试着写下自己对对方的期望吧，这样你就会发现两个真相。首先，你会发现，或许你还没有动笔，你就知道了自己想要的答案；其次，你还会发现，写出来的文字和你内心的声音不总是真实的。那为什么还要让你写一下看看呢？因为不管写的多或少，只是为了让你意识到，自己其实很清楚自己想要什么。

也许你写出来的文字并不多，但留在心里的"篇幅"，才是真正的核心。你总说"我不知道我有什么需求"，仔细想想吧，其实你应该是知道的，只是因为没有勇气和准备好贯彻对方的要求，所以无法进行尝试。

Q2：就经验而谈，我知道自己总是被他人摆布。但为什么只会被那些欲望很强、喜欢利用他人的人所吸引呢？是我没有识人的眼光吗？

A2：不是你没有看人的眼光，而是看不准，这才是问题所在。就像俗话说的"女人都喜欢'坏男人'"一样，但并不是只有男女关系是这样的。人们对"坏人"有着强烈的好奇心。为什么会这样呢？是因为这样的人在"关系之初"和"关系结束"的时候总会发出光芒，让你无法忘怀。

能强烈表达自己的主张并坚持推进的人，对每件事情都有明确的喜好，也都有自己的想法。和那些优柔寡断、小心谨慎的人相比，这种人就像是"能力者"一样的存在。

所以那些主动性较弱或有依赖倾向的人会强烈地感受到这种人的魅力。因为他们能代替自己拿主意或发表意见，让自己感觉很舒适。因为他们总是会带头生气或打架，所以很容易被他们迷住。当他们因为自己的权利和要求受到侵犯而生气时，依赖的一方还总认为他是为了我才那样做的。如果每次都被这样的对象吸引的话，是不会再去对那些"无聊"的人动心的。如果你也是习惯于依赖"能力者"的类型，应该好好思考一下。很明显，那些你认为"无聊"的人，身上肯定有你未发现的魅力。如果还是无法接受的话，就培养自己的能力吧，让自己在精神和物质上都能够与充满魅力的人相匹配。

Q3：我现在也想找一个不错的人好好相处，但怎么样才能从"利用与被利用"的关系中脱离出来，形成良好的人际关系呢？

A3：关于这个问题的答案，正是贯通于本书中的内容。这是一个难以一下子回答上来的问题，如果一定要有一个解释的话，想推荐大家来一场"关系之旅"。

什么是旅行？每个人都有着自己的不同见解。我认为旅行就是去进行一场与自己日常生活的方式和轨迹完全不同的体验。人们在倍感压力或心情沉闷的时候，就时常会想着来一场旅行，希望换个环境，换一种心情。所以，我认为人际关系也需要一场旅行。比如，自己每天都在和同一个对象交往，这时选择一个完全不一样的对象进行交往，这就是关系旅行。为什么这么说呢？因为改变总是需要付出巨大的努力和强大的意志力。人们常说"本性难移"，自己与生俱来的气质、取向和习惯，等等，没有一个是容易被改变的。但变好不易，变坏却很简单。就像是打了结的电话线一样，这个结只会自然地变得越来越乱，而反向旋转想要解开它却需要耗费很大的精力。我认为人际关系也是一样的。为了摆脱现有关系的框架，只有去丰富自己的人际经验，即向相反的方向发展，才是最有效的方法。所以环顾一下自己的四周，如果觉得对方是和曾经让自己受过伤害和挫折的人完全不同的类型的话，就不要轻易错过，试着与他建立起一个好的关系吧。即使和他合不来，也不要失望。从脱离人际关系的惯性进行尝试这点来看，你已经算是成功了。

Q4：朋友让我注意下自己的形象，说我看上去像"傻白甜"一样。我觉得像自己这样感情纯真的人没有什么问题，我真的需要改一下吗？

A4：现今社会的人总是把隐藏自己当成一件非常有必要的事情。当然，有时不去过分的表露自己的内心，也会成为一种美德。但是生活在一个人人都隐藏着自己内心的世界，岂不是太郁闷了？如果你因为觉得自己看起来很好欺负，而受到了很多人的伤害的话，也可以考虑一下你朋友的建议。但是我也希望不要就此隐藏掉自己的优点。

对待自己的感情，坦诚和随便是不一样的。如果将这两点混淆的话，会让别人误解你是"性格轻浮"。虽然轻浮的人会不分青红皂白地倾吐感情，但是喜欢表达，有勇气接近别人，这也是非常了不起的能力。向任何人都能展示自己，打开心扉，如果没有极大的勇气和自信，是根本不可能做到的事情。

如果要邀请客人到家里来，就要带着想招待好客人的心，做好将自己的家呈现给别人的准备。首先得有自信，如果自己和对方没有形成基本的信任，那将是比较艰难的事情。如果觉得即使暴露自己也不会有任何信任的损失，那对你而言对方就是非常值得信任的人。

Q5：虽说如今是"筛选关系的时代"，但是在我听来这句话有些自私。

A5："朋友也是要筛选后才能交往的"，这句话是否听起来很自私呢？其实没有必要这么认为。小时候父母都说过让我们和学习优秀的同学好好交朋友，可他们再怎么说，大部分人还是和自己性格合得来的人成了好朋友。当然，成人的世界也是如此。你可以问一下自己，当迎来了宝贵的周末，你想要和谁约会？你的脑海里会紧接着浮现出几个人选来，然后会很自然地在脑海里排序，第一位、第二位、第三位……按照这个顺序来约朋友。虽然不是大脉络的关系选择，但为了最终的选择而做出的"小抉择"在日常生活中是非常自然的一件事。

Q6：我尝试了几次，但还是没能建立起不错的人际关系。我好像没有这方面的才能。到底还要失败多少次才能建立比较牢固的关系呢？

A6：我如果能够帮你回答出具体的次数来就好了，但是很抱歉。我只能为了让大家不要放弃试错而为大家加油。实际上，在给患者咨询的过程中，困难之一就是让患者接受试错的必要性，并应用到生活中去。错误是必然的，而且会伴随着内心感到的挫折和失望。对开始接受心理治疗的人来说，他们本来就已经伤痕累累，对这样的过程感到没有必要，觉得这只会增添一个新的伤疤。"一定要经历错误才行吗？"这样的问题在我的心理咨询生涯里想必始终不会消失。"我可能看起来像经验主义者，但我还是希望知道怎样不犯错就能获得自己想要的。"不过，我们可以修正错误，我也可以告诉你将错误减少到最低限度的方法。那就是，"像个孩子一样"去做吧。

小孩子们无论是在玩、学习还是模仿大人的时候都会反反复复无限次地去做。但是仔细观察的话，他们并不是无数次去做，而是孩子觉得做到某个程度就行了的时候，便不再继续下去了。因此当你得出结论的时候就可以停止反复的行为，然后进行新的试行。所以像小孩一样保持在关系中的这种灵活性才是最重要的。实行和反复固然重要，但在适当的时候整理和结束更重要。特别是在这个过程中，对于获得的好处和体会到的错误，要加以概括和整理。如果只是一味受挫而不去反思，就无法增长任何经验。

还有很重要的一点。如果和很多人一起参加聚会，大家都说"觉得自己一无所获"，这是把人际交往变得资本化的想法。与其附和大家，不如把焦点放在能让自己获得多种经验的"机会"上会更好。

结语

我们不仅会为彼此锦上添花，还会雪中送炭

…

并不是所有的相遇都是"你和我"

"什么？你说我被利用了？"——一种难以克制的愤怒涌上心头。

"没有，我从来没利用过他！"——就像被诬陷为罪犯一样，受害人非常气愤。

前面我们谈到了"被利用和被剥削的关系"的不当之处。但是，之后我们非常慎重地指出了比这个更重要的一点，那就是"因需而生的关系"。换一种表达方式来说，就是"我和他"之间的关系。

说实话，一味地追求关系的纯粹性会让我们感到困扰，因为我们总是被这样的教育所压迫："若我们有目的地去接近一个人，这是不好的行为，是利用别人的无耻之徒。"因为有需要才与某人交往是不好的，利用他人是无耻的行为，我们一直被迫受到这样的教育。

但现实情况如何呢?就像有人在利用我一样,我也在利用他人。在单位、社会、朋友之间,甚至家人之间都存在着利用和被利用的双向关系。两者之间的均衡被打破时会出现问题,但这本身并不意味着它是即将坠入地狱的恶行。

现在,因需而生的关系同样很重要

在本书的结尾,我还要一再强调这一点的理由是为了劝告读者,要接受与我们常见的所不同的、陌生的观点——在当今世界,"我和你"的关系同样重要。这是什么意思呢?趁着某些人还在梦想着人与人之间的关系始终是美好的之前,我紧接着会进行说明。

不是只有理想答案才算答案。也许"建立起基于现实的关系"是我们现在应该了解的人际关系的核心,我把这个称之为"因需要而结成的关系"。

我们需要承认自己的需要、接受那些痛苦的事实,但也要保持善良,保持正直。要学会如何不被他人摆布、明白如何在关系中保持尊严、了解如何不破坏自己和他人的价值、知道如何在像丛林一样的社会中生存,面对只以利用为目的扑过来的人时知道如何保护自己。在被单纯的关系压迫的状态下,很难找到对上述问题的实质性的解决方法。为了守护自己，需要在承认彼此需要的前提下寻找答案。

守护你我的七条自问自答

通往幸福的第一扇门，是认可自己的需要并且去寻找它。以下是关于寻找这些问题的提问。希望你认真思考以下 7 个问题，即使再难，也要尽最大努力寻求答案。

1. 对自我需求的认知：在这段关系里我需要的是什么？

这是关于对自我需求认知程度的提问。我们可以列清单来整理一下，写下来会知道得更具体。通常清晰和模糊的部分会分得很清楚，无需过多说明。不同的人对"需求"的看法也不同，有的人对"关系里的需求"可能没有任何想法。他们也许会说"我好像没有什么特别需要的"。但事实上，无所求的人并不是自己没有需求，而是自己还没意识到而已。

2. 以自我需求为中心的我和他人的关系：现在面对的对象和我的所求有多大关系？

可以用"与我的需要完全吻合""部分吻合""与我的需要毫无关系"等程度来进行衡量。

3. 我认知他人人格的基准：我对他人人格的认知有多少？

他人本身就是一种人格存在。我在关系中认识并经历了多少？抛开我的需求，与他一起度过了多少快乐的时光？这些经历对我而言又有多少意义？

4. 当我有目的地接近他人时，我的态度：我应该对他采取什么样的态度来达到自己的需求呢？

当自己想要的某样东西在对方手里，而我非常想要的时候，我该如何向对方提起呢？该用什么态度来提要求呢？可以强求吗？是卑躬屈膝，还是郑重其事地拜托呢？

5. 我对他人的决定和对他人的反应：你对他人的决定有什么反应？我准备好尊重和接受对方的意见了吗？

我向他人请求什么来满足我的需要，或者满足他人的需要时。他人对我的要求有什么反应？他人同意给予我帮助吗？如果他人不同意，我该如何应对？我准备好尊重和接受对方的意见了吗？

6. 关于帮与不帮的界限问题：两人谈好帮忙可以帮到什么程度了吗？

如果对方对我的所求反应积极，那么就存在接下来的问题：对帮助的实际界限和范围划清了吗？和他沟通会顺利吗？

7. 实现需求互动关系后我的回应：我该如何向对方表示感谢？

当我得到实际的帮助时，我是否要充分感激对方？你会感谢吗？谢不谢？如何表达呢？

比"心意与需求"更现实的关系

前面提出的 7 个问题，对诊断和解决自我的关系问题有相当大的帮助。

每个人都应明确自己的需求，为了自己的需求而以正确的态度面对眼前的他人是非常重要的。因为到了那种状态后才可以直视着对方，郑重地向他拜托自己的需求。

同时，对方对我请求的回答，我也要做好了充分尊重的准备。这样，就算关系是从"我和那件事"开始的，以后也会增加"我和你"之间的交往。接受他人给予自己的好意并将其当作善意的同时，自己也依然可以作为独立的人格存在。但此时，对方是出于好意向自己提供需要，还是出于其他目的提供诱饵，需要分辨清楚。

这7项问题不仅有助于我们了解自己的需求，也可以用来衡量因"需要"而接近我们的人。换言之，就是把问题的主体换成对方。在经过这一系列诊断之后，如果最终确定是否将自己拥有的东西给予他，就不会被骗，而是处于一种"乐意付出"的状态了。这将成为承认彼此需要的均衡关系的起点。

我们应该摒弃单方面的"利用和剥削"。在任何情况下，保护自己都是应该做的。在这样的基本前提下，大家互相尊重彼此的人格，时而敞开心扉，时而满足彼此的需要，这种关系，也许是我们现在所能向往的最好的状态吧——这也是我想传递给读者的答案。